한국교회 누구를 위한 곳인가

교인, 교회, 교단
모두 혁신하라!

지 은 이 |이주형
펴 낸 이 |김원중

기   획 |김재운
편   집 |정선, 김주화
디 자 인 |우윤경, 류미선
제   작 |허석기
관   리 |차정심
마 케 팅 |정한근

초 판 인 쇄 |2014년 05월 08일
초 판 발 행 |2014년 05월 15일

출 판 등 록 |제313-2007-000172(2007.08.29)

펴 낸 곳 |상상예찬 주식회사
              도서출판 상상나무
주   소 |경기도 고양시 덕양구 행주내동 743-12
전   화 |(031) 973-5191
팩   스 |(031) 973-5020
홈 페 이 지 |http://smbooks.com

ISBN 978-89-93484-92-2(03230)

값 13,000원

한국교회 누구를 위한 곳인가

교인, 교회, 교단
모두 혁신하라!

이 주 형 지음

상상
나무

이 책의 저자인 이주형 집사는 제가 담임으로 섬기고 있는 안암교
회의 안수집사입니다. 20년간 교회 성가대 지휘자와 청년부를 담당해
온 신실한 성도입니다. 지금은 재정부장으로 섬기고 있습니다.

저자는 또한 20년 가까이 삼성, GE, 외환은행에서 일해 왔습니다.
주로 기업의 재무, 혁신 업무를 담당해온 혁신전문가입니다.

『해피메이커』, 『6시그마콘서트』, 『평생 갈 내 사람을 남겨라』 등 끊
임없는 저작 활동과 대학과 기업, 단체 등에서 강연활동을 펼치고 있
기도 합니다. 사람과 사람들 간의 진정한 인간관계 형성과 조직을 위
한 최고의 효율성을 위해 일 해온 혁신가로서 세상과 기업의 참다운
변화를 주도해왔습니다.

이런 그가 이번에는 교회의 혁신에 대한 글을 썼습니다. 한국 교회
가 새롭게 갱신되기를 바라면서 쓴 이 책의 글들은 단지 한국 교회와
성도들을 향한 어설픈 비판의 글은 아닙니다. 이미 상처 나고 멍든 한

국 교회의 아픈 부분을 다시 후벼 파는 '비판을 위한 비판'의 글도 아닙니다. 한국 교회가 좀 더 바른 방향으로 나아가게 할 수 있는 건전한 대안이 들어있는 글입니다. 그래서 이 글은 한국 교회와 성도들에게 아직도 밝은 '희망'이 교회에 있음을 보여주는 글입니다. 한국 교회를 향해 쓴소리를 하고 있지만, 교회가 하나님의 뜻 가운데로 돌아오기를 바라는 애틋하고도 간절한 '사랑'의 마음이 더 묻어 있습니다.

나아가, 이 책의 글들은 한국과 세계 교회의 문제들, 기독교의 본질, 예배와 세계관, 개인의 신앙과 관련한 많은 중요 이슈들을 다루고 있습니다. 이렇게 우리의 흥미와 관심을 갖기에 충분한 주제들을 다루고 있지만, 그렇다고 어려운 신학적인 책은 아닙니다. 어렵지 않고 쉽게 읽을 수 있는 글들로서 한국 교회의 주인이 결국 하나님이심을 잘 드러냅니다.

한국 교회를 사랑하는 마음으로 정직하게 쓰인 이 책의 글들이 보다 많은 한국 교회 성도들에게 소개되고 읽히길 간절히 바라며 기쁘게 추천합니다.

이 글을 읽는 모든 분이 분명 큰 도전과 새로운 소망을 하게 될 것을 믿습니다.

강정주 대한예수교 장로회 안암교회 담임목사
계약신학대학원대학교 구약학 교수

선악과를 따 먹은 후에 아담과 하와가 하나님의 낯을 피하여 나무
사이에 숨었다. 하나님이 아담에게 물으셨다. '네가 어디에 있느냐?' 하
나님이 아담이 어디 있는지 몰라서 물으셨겠는가. 이 질문은 '네가 마
땅히 있어야 할 자리에 있지 않구나'하는 하나님의 책망이다. 지금 한
국의 기독교는, 한국의 교회는 마땅히 있어야 할 자리에 있는 것인가.

교회는 하나님의 새로운 사회로서 하나님 뜻의 살아 있는 구현이
고, 하나님 나라의 표지며, 하나님의 사랑과 은혜로운 통치 아래 있을
때 인간 공동체가 어떤 모습일지 보여주는 것이어야 한다. 요한계시록
에서 강조하듯이 땅과 하늘에서 승리한 교회는 선택받은 하나님의 백
성들로 군대처럼 전투하는 교회 공동체여야 한다. 죽어서 가는 저 세
상 어디쯤이 아니라, 이미 이루어지기 시작한 하나님 나라의 모형으로
그 역할을 충실히 감당해야 한다. 그러나 현재의 교회를 보고 이런 일
을 연상시키기는 쉽지 않다.

이 집은 살아 계신 하나님의 교회요 진리의 기둥과 터니라 (딤전 3:15)

나는 평범한 기독교인이다. 나는 목사도 신학자도 아니다. 그저 평신도 입장에서 교회를 섬기고, 하나님의 뜻대로 살아가려고 열심히 직장생활과 가정생활을 꾸려가는 평범한 소시민이다.

그러나 나처럼 평범한 기독교인이 보기에도, 현재 한국의 기독교와 교회의 모습은 하나님의 뜻에서 한참 벗어난 것을 알 수 있다. 그리고 내 주위에는 나처럼 안타까워하고 마음 아파하는 평신도들이 적지 않다. 아마 한국 교회 전체를 놓고 보면 교회의 탈선과 타락을 우려하는 평신도들의 수는 매우 많을 것이다. 그러나 그들의 목소리가 전해지지 않고, 대신 이 사회에서 영향력 있는 대형 교회, 유명 목회자들의 목소리가 마치 전체 교회의 분위기인양 알려진다. 그들의 탐욕과 탈선으로 기독교 전체가 싸잡아서 욕을 먹고, 평신도들은 또 이를 가슴 아파한다. 또 그들로 인해 불건전한 영향을 받은 평신도들이 점차 늘어나고 있다.

여기저기서 근본적인 개혁이 필요함을 느끼고 저마다 원인을 분석해서 교회의 개혁에 대한 대안들을 내놓고 있지만, 지금과 같은 구조에서는 그다지 효율적으로 보이지 않는다. 한국 교회의 리더들을 뽑는 일에 불법선거, 금권선거가 일반화되어 있는 현실을 보면 현재 한국 교회의 리더들에 의한 교회의 갱신과 개혁은 한낱 공허한 메아리에 그칠 것이다.

교회를 비판하는 일은 쉽다. 그러나 잘못에 대하여 올바른 방향이나 대안을 제시하기는 어렵다. 나 자신도 죄인이고, 구원을 이루어가는 성화의 과정에서 계속 넘어지고 있으므로, '너나 잘해'라는 비난을 피하기 어려우리라는 것도 잘 알고 있다. 그럼에도 불구하고, 세상에서 치열한 영적 전투를 벌이고 있는 한 신앙인의 입장에서 교회의 타락을 더는 견딜 수 없고, 나와 같은 마음을 가진 많은 믿음의 동역자들이 있기에 용기를 내어 평소의 생각을 틈틈이 작성하여 정리했다.

많은 자료를 찾고 원고를 정리하면서 나 자신도 많은 공부를 하게 되었고, 새로 깨닫게 된 부분도 많았다. 부족한 원고지만 기꺼이 감수해 주시고 고언을 아끼지 않으신 강정주 목사님, 박득훈 목사님, 신성수 목사님, 이상식 목사님께 감사드린다.

책을 쓸 때마다 옆에서 도와주고 큰 힘이 되어주는 사랑하는 아내 경숙과 보석 같은 자녀 규원, 규민에게도 감사의 말을 전한다.

그리고 무엇보다, 원고를 마감하는 순간 나 자신이 죄인의 괴수임을 다시 한 번 깨닫게 하시고, 앞으로 더욱 하나님의 교회를 위해 부단한 기도와 섬김을 다짐하게 하시는 하나님께 감사를 드린다.

1부

교회의 주인은 누구인가?

수많은 무리가 함께 갈새 예수께서 돌이키사 이르시되 무릇 내게 오는 자가 자기 부모와 처자와 형제와 자매와 더욱이 자기 목숨까지 미워하지 아니하면 능히 내 제자가 되지 못하고 누구든지 자기 십자가를 지고 나를 따르지 않는 자도 능히 내 제자가 되지 못하리라 (누가복음 14:25~27)

하나님과 일촌맺기

나는 교회에서 청년부를 담당하고 있다. 내가 가르치는 청년들과 페이스북, 카카오톡, 라인, 밴드 등의 SNS를 통해 그들과 소통하고 있다. 이런 온라인상의 커뮤니케이션 도구들의 특징은 서로 간에 '친구 맺기'에 있다. 아무리 마음에 들어도 상대방이 친구 맺기를 수락해주지 않으면 서로 친구가 될 수 없다.

나의 경우는 내가 먼저 신청하는 경우는 거의 없고 상대방이 친구 신청을 해오면 여러 가지를 고려해서 수락 여부를 결정한다. 상대방이 유명인이건 전문직이건 빼어난 외모를 가졌건, 나는 별 관심이 없다. 온라인상이긴 하지만 그야말로 얼마나 신뢰할만한 사람인지가 중요하다. 그래서 아무하고나 쉽게 친구를 맺지 않고 상대방이 올린 글이나 친구 관계 등을 고려해서 나름대로 신중하게 선택하는 이유는, 친구가 되는 순간 상대방과의 관계가 시작되기 때문이다. 온라인상에서는 이런 관계를 '일촌'이라고 부른다. 이런 관계의 또 다른 특징은, 일단 친구 수락을 했다가도 지내면서 마음에 들지 않으면 가차 없이 친구 관계를 끊어버리면 그만이라는 점이다.

기독교 신앙이란 하나님과의 관계성으로 설명될 수 있다. 이 관계가 틀어진 이유는 인간의 죄 때문이다. 그런데도 하나님은 우리와의 관계를 '아버지와 아들'의 관계로 천명하셨다. 지금 말로 표현하면 가장 친한 관계, 즉 일촌이 되는 것이다. 하나님과 일촌이 유지되려면 하나님의 뜻대로 살아야 한다. 그러나 우리의 삶, 교회의 행태를 보면 하나님과 관계를 끊기로 작정한 것처럼 보인다. 그럼에도 불구하고 계속 그 관계를 유지하시는 하나님의 사랑하심과 은혜가 놀라울 따름이다.

요즘 인터넷상에서 가장 욕을 많이 먹는 부류가 정치인과 교회일 것이다. 교회가 욕을 먹지 않았던 시대가 있었을까? 죄악으로 치닫기만 하는 세상에서 하나님의 의를 외치는 중에 받는 탄압이나 악한 세력으로부터의 공격이라면 달게 받을 것이다. 그러나 정작 교회가 욕을 먹는 것은 교회가 교회답지 못해서, 실제로 욕을 먹을 만하니까, 세상 사람들의 기본적인 기준에도 미치지 못하기 때문이다. 그리스도인들이 이 땅에서 조롱받고 욕을 먹는 이유는 어떤 기적과 같은 일을 행하지 못해서가 아니라 마땅히 해야 할 일을 하지 않아서이다. 마땅한 것을 지키지 못하므로 세상 사람들에게 멸시를 받을 수밖에 없다. 이를 명확히 인지하고 깨달아서 마땅히 회개하고 반성해야지 억울하게 받는 탄압이라 생각하면 안 된다.

지금의 한국 교회를 보면 하나님이 계시지 않아도 번창할 것 같다. 예의상 한 번씩 하나님을 언급하는 것처럼 보인다. 교회와 목사가 세상을 걱정해야 하지만 세상이 망가질 대로 망가진 교회와 목사를 걱정해주는 꼴이 되어 버렸다. 겉으로는 하나님을 높이는 척하지만, 자신들을 하나님보다 더 중요하게 생각하기 때문이다.

오늘날 한국 교회가 왜 이렇게 되었다고 생각하십니까? 하나님의 뜻은 안중에도 두지 않고 날마다 자기중심적인 생각에 사로잡혀 위로나 받으려고, 복이나 받으려고 하는 천박한 신앙생활을 하는 사람들이 많기 때문이 아니고 무엇이겠습니까? (『요한이 전한 복음 III』, 옥한흠, 국제제자훈련원, 41쪽)

현재 한국 교회의 모습을 볼 때 한국 사람들이 그리스도를 믿을 마음이 생기겠는가. 한국 교회가 백성들의 존경 대상이 된다면, 사람들은 교회가 말하고 증거 하는 내용에 귀를 기울일 것이다. 그러나 한국 교회가 사람들의 야유를 받고 욕을 먹는 상황이라면, 교회가 말하고 증거 하는 내용에 귀를 기울일 까닭이 없다. 이는 결국 하나님의 이름에 먹칠을 하는 것이다. 늘 참으시고 기다리시는 하나님을 배반하고, 우리 쪽에서 먼저 일촌 관계를 끊으려 하고 있다.

내 입장을 방어하고 고집하려고 하지 말고, 하나님의 경고가 무엇인지 반성하고 회개하고 발길을 돌려야 한다. 지금은 교회와 기독교인들이 하늘의 소리에 귀를 기울여야 할 때이다.

'믿사오니'의 열정에서는 세계에서 둘째가라면 서러워할 한국의 기독교인들이 그리스도의 삶을 '따름'에 있어서는 오히려 비난과 경멸을 받고 불신과 모멸과 비판의 대상으로 전락하고 있는 지경에 이른 이유가 무엇일까 자성해 보아야 한다. 소금과 빛의 역할은 이미 증발되어 버린 듯하고, 교회와 기독교인들의 윤리성도 실종된 듯 보인다. 사실 너무 늦은 감이 없지는 않지만, 지금이라도 하나님 앞에 석고대죄 하는 심정으로 현재 상황을 정확히 짚어보아야 한다. 한국 교회와 기독교인들은 하나님과 일촌 관계에 걸맞은 신앙과 생활, 윤리와 품위를 회복해야 한다.

'교회쇼핑'에 나선 고객들을 위한
'마케팅 교회'

전 세계적으로 25억 부 이상 배포된 『사영리』란 전도 책자 저자인 빌 브라이트는 CCC(Campus Crusade for Christ)를 창립한 것으로도 유명하다. 그의 무덤에 가 보면 묘비에 단 두 글자만 새겨져 있다.

'예수님의 노예'

요즘은 교회들이 교인수를 확보하기 위해 온갖 마케팅 기법들을 많이 활용하기 때문에, 이에 익숙해진 신도들 자체도 스스로 고객이라 생각하는 경우가 많다. 교인수, 즉 고객수로 성공 여부를 운운하는 바람에 회사 같은 영리단체처럼 변한 교회가 수두룩하다.

기업들이 고객을 확보하려면 어떻게 해야 하는가? 고객을 최고의 가치로 모시고 편안하고 우쭐하게 해 주어야 한다. 교회는 인류역사상 최고의 부를 누리고 있는 고객들에게 상품(그리스도를 믿고 따르는 신앙생활)을 최대한 매력적인 모습으로 선전하길 원한다. 그래서 '교회 쇼핑'을 나온 사람들에게 되도록 상품의 좋은 면만을 내세운다. 그러는 동안 '자신을 부인하라, '십자가를 지라'는 메시지는 어디론가 사라진다. 고객들이 불편해하기 때문이다. 교회는 "당신이 원하는 것은 여기 다 있고 간절히 원하면 더 좋은 것도 다 얻을 수 있다"는 메시지만을 보낸다.

그리스도를 믿는다는 것은 단순히 교회에 출석한다는 의미가 아니라 '제자'가 된다는 의미이다. 성경은 제자를 '노예'로 묘사한다. 우리는 자신을 스스로 최고의 서비스를 받아 마땅한 고객으로 알고 있는데 성경은 우리를 노예라고 가르친다. 노예는 아무런 권리도 없다. 재산을 가질 수도 없고 자신의 시간을 누릴 수도 없다. 모든 권리가 주인에게 있기 때문이다.

그리스도의 많은 제자가 자신을 노예라고 고백했다. 그리스도의 제자 하면 가장 먼저 떠오르는 베드로는 자신을 '그리스도의 친구이며, 변화산 현장에 있었고, 오순절에 설교를 통해 수천 명을 한꺼번에 회심케 한 베드로'가 아니라 '예수 그리스도의 종'이라 소개한다. 야고보는 자신의 서신서에 '하나님과 주 예수 그리스도의 종 야고보'라는 소개로 시작한다. 바울도 노예라는 단어를 지극히 싫어하던 로마인들에게 보낸 편지(로마서)를 '예수 그리스도의 종 바울'로 시작한다. '가말리엘 문하에서 학업을 쌓고, 다메섹 도상에서 그리스도를 만난 베스트셀러 성경의 저자 바울'이라고는 절대 말하지 않는다. 요한과 디모데, 유다도 자신에게 같은 명칭을 붙였다.

　우리가 그리스도를 주(主)님이라고 부르는 것은 바로 우리 스스로 노예라고 고백하는 것이다.

말은 제주도로, 교인은 큰 교회로?

어느 날 레오나르도 다빈치가 지인들을 초청했다. 몇 년 동안 고생해 완성한 <최후의 만찬>을 공개하기 위해서였다. 드디어 작품을 덮어 두었던 천을 벗겼다. 오랫동안 정성을 기울였던 작품이 사람들에게 모습을 드러내는 순간, 사람들의 입에서는 탄성이 흘러나왔다. 그때 한 사람이 상기된 표정으로 말했다.

"정말 대단한 작품이군요. 예수의 손에 들린 저 광채 나는 유리잔을 보세요. 대단하지 않습니까?"

그 말을 들은 다빈치는 바로 붓을 들어 유리잔 부분을 뭉개버렸다. 모두 깜짝 놀랐다. 다빈치는 사람들을 향해 말했다.

"이 작품은 실패한 것입니다. 여러분의 시선이 유리잔에 모였다면 그것은 제 의도를 벗어난 것입니다. 저는 사람들의 시선이 예수님의 얼굴에 집중되기를 원했습니다."

결국, 그는 오랜 시간을 들여 다시 그림을 그렸다. 완성된 그의 그림에는 유리잔이 예수의 표정을 가리지 않았다.

예수께서 사용하셨던 접시와 옷이 아무리 아름답더라도 그것이 예수님보다 더 시선을 끌어서는 안 된다. 예수님은 값진 잔이나 접시, 호화로운 옷에는 눈길도 주지 않으셨다. 그분에게서는 화려하고 인기를 좇는 삶의 흔적을 찾을 수 없다. 오히려 그 반대다. 사람들이 화려한 이적을 찾을 때 오히려 예수님은 그들 곁을 떠나셨다. 예수님의 관심은 썩어질 것이 아니라 위에 있는 것이었다. 그분의 삶은 단순하고 소박하고 수수했다.

2012년 4월, 전국의 교회들이 농협, 수협, 새마을금고 등의 금융회사에서 대출받은 돈이 무려 4조 9천억 원에 달한다고 언론에 보도되었다. 금융감독원이 2,400여 개 금융회사의 교회대출 실태를 파악한 결과로, 이들 금융회사의 전체 대출규모인 약 200조 원 가운데 교회대출이 무려 2.5%를 차지하였고, 대부분 교회 건물 증축에 사용된 것으로 나타났다. 공개적으로는 제1금융권인 은행에서는 교회 대출을 반기지 않는 것으로 알려졌지만, 실제로는 대출이 일어난 경우가 적지 않은 것으로 알려져, 교회들이 금융권으로부터 받은 대출, 그리고 이 금액 중 교회건물 증축에 사용된 금액을 정확히 계산하면 그야말로 천문학적이다. 실로 교회건물 증축 광풍이 일었던 듯하다.

한 대형 교회의 재정을 담당하는 장로님과 식사를 하는 도중에 그 교회의 교육관 건축에 관한 이야기를 듣게 되었다. 어떻게 자금을 조달했냐고 물었더니, 교회가 무려 5백억 원의 부채를 안게 되었다고 했다. 교인들이 드리는 헌금 중 어마어마한 금액이 이자로 지급되어야 한다. 이런 교회들은 교회건물 건축을 '성전건축'이라 명명함으로써 신도들로 하여금 금전적 헌신의 동기를 부여하고 있다.

물론 교회의 증축, 혹은 개축이 꼭 필요한 경우도 있을 것이다. 그러나 현재 상황은 그 도가 지나치다 할 수 있다. 내가 사는 동네만 해도 반경 1km 안에 큰 교회가 몇 개 있다. 주일에는 이 교회들이 교인들을 실어 나르는 데 사용되는 대형 버스들과 교인들이 몰고 오는 차들로 인해 근처 도로가 그야말로 아수라장이 된다. 그리고 이런 교회들의 공통된 특징은 외형상 매우 화려하다는 것이다. 근처의 단아한 주택단지들을 비웃기라도 하듯, 마치 가장 비싼 재료로 치장해야 하나님의 영광을 더 드러낼 수 있다는 것처럼 언뜻 봐도 초호화판이다.

정녕 더 화려하게 지을수록 하나님의 나라와 더 가까워진다고 생각하고 있는 것은 아닐는지. 아무리 생각해봐도 하나님 입장에서는 인간의 무지와 어리석음을 탓하시며 안타까워하실 것 같다.

왜 이토록 교회를 화려하게 짓는지 모르겠다. 교회당 안을 그토록 값비싸고 요란한 장식으로 채우는 이유를 모르겠다. 왜 목사가 그렇게 화려한 금줄무늬 가운을 입고 강대상에 서야 하는지, 왜 성가대원들이 한 벌에 수십만 원을 호가하는 화려한 가운을 입어야 하는지, 왜 그렇게 좋은 꽃으로 매주 강단을 치장해야 하는지도 잘 모르겠다. 설마 그것들이 우리 하나님을 기쁘시게 할 것으로 생각하는 것인가. 정녕 하나님이 그런 치장들을 보시고 기뻐하실 것으로 생각하는 것인가.

예배를 위한 열정과 성의는 충분히 알겠지만, 도가 지나쳐서 사람들의 눈을 끄는 것들이 영이신 하나님을 예배하는데 지장을 준다면 그것이 의식이든지, 프로그램이든지, 인간이든지, 장식이든지 간에 우리는 단호히 경계해야 한다. 교회는 건물이 아니기 때문이다. 하나님은 영이시기 때문에 재물이 아니라 영과 진리로 하나님을 예배하는 것을 기뻐하신다.

하나님은 영이시니 예배하는 자가 영과 진리로 예배할지니라 (요 4:24)

하나님을 예배하는 일을 대충 하자는 것이 아니다. 초대교회가 교회당도, 프로그램도, 주보도, 오르간도, 심지어 직분자도 없었을 때, 그들이 영이신 하나님과 만나는 아름다운 예배를 얼마나 영감 있게 드렸는가를 기억해야 한다.

교회 밖 세상은 가난한데, 헌금으로 혹은 대출을 받아서 교회 건물을 높이는 데만 신경을 쓴다는 비판에 대해 좀 더 겸허해져야 한다. 교회가 왜 그렇게 화려해야 하는가. 교회가 왜 그렇게 큰 건물과 초현대식 시설이 필요한가. 식당이든 예식장이든 학교 강당이든 공간만 있으면 예배를 드릴 수 있다. 교인수가 문제인가. 교인수도 어느 수준 이상 커지면 교회를 분립하면 된다. 하나님 일에 기득권 따위는 없다. 교인수를 늘리는데 크게 이바지한 목사라 하더라도 경영을 하려 들면 안 된다. 그들은 경영자가 아니라 목양(牧羊)하듯 각각의 영혼을 돌보는 목자들이기 때문이다. 자신의 손으로 한곳에서 양들을 다 보살피기 어려우면 우리를 나눠야 한다.

최근 '교회는 건물이라는 공간적 울타리를 넘어서는 더 큰 목적을 위해 존재하는 것'이라 생각하여, 교회 건물 없이 학교의 강당 등을 빌려 예배를 드리는 교회가 늘어나고 있다. 교인수로 보면 사실 학교를 빌리는 교회도 상당히 규모가 큰 곳이 많지만, 건물에 들어갈 비용을 지역 사회, 선교, 탈북자, 노숙자 등에게 사용한다. 건물 욕심을 버리고 거기에 들어갈 힘과 재정을 섬김 사역에 사용함으로써 교회와 사람이 드러나는 것이 아니라, 하나님이 드러나신다는 생각이므로 긍정적인 면이 많다고 볼 수 있다.

　모든 교회가 다 이처럼 건물 없이 운영해야 한다는 의미는 아니다. 그러나, 고급 승용차를 몰고 오지 않고서는 주눅이 들어 발을 들여 놓기 어렵게 느껴지는 화려한 건축물이 아니더라도, 그곳에 하나님이 계시면 언제든지 교회가 될 수 있다는 의미이다. 그리고 그런 교회들은 대출이자를 갚느라 들어갈 헌금을 더욱 다양하게 사용할 수 있다. 자신이 조금 불편하더라도 훌륭한 시설이 아닌 이런 교회들에 출석하는 교인들은 대부분 이런 생각을 하고 있을 것이다. 하나님은 분명 그 마음을 보시고 칭찬하실 것이다.

　예배당 중심 구조에서 벗어나 예배나 각종 집회 혹은 다른 행사 때만 잠시 허용하고 교회의 모든 공간을 레저, 스포츠, 문화행사 등 복합적으로 사용하는 교회들도 있다. 궁도, 당구, 스포츠댄스 등의 스포츠 종목과 붓글씨, 손뜨개질, 바이올린, 컴퓨터 등 문화적인 것까지 각 동호회가 요일, 시간대별로 활용하기 때문에 온종일 비어 있는 공간이 거의 없고 매일 이런 활동을 위해 교회를 찾는 사람이 수백 명에 이른다. 평소 교회에 반감이 있어 "내 발로 교회에 오게 될 줄은 몰랐다"는 주민에게 나는 "당신은 교회가 아니라 여가생활을 위해 한 건물에 온 것입니다."라고 설명한다.

이런 교회들은 교회란 하나님의 백성들의 모임이지 건물이 아니라는 점을 강조한다. '내 아버지의 집을 장사하는 집으로 여기지 말라'고 호통치신 예수님을 생각해서 절대 상업적인 용도로는 이용하지 않는다고 한다. 그러나 이렇게 교회 공간을 잘 활용한다고 해서 초호화건물을 지어도 되는 당위성이 성립하는 것은 아니다. 예배를 이런 용도와 혼합해서 하나님께 집중하기 어렵게 만드는 경우가 있어도 곤란하다.

내가 출석하는 교회는 안암동 고려대학교 바로 옆에 있다. 6층 건물 중 한 개의 층을 세내어 예배를 드리고 있는데, 주일과 수요예배, 금요기도회 등, 교회에서 공식적으로 사용하는 시간 외에는 고려대학교의 여러 기독교 선교단체들과 인근 교회의 프로그램에 무료로 개방한다. 연세대학교나 이화여자대학교처럼 미션스쿨이 아니므로 학교 내에서 특정 종교로 교수와 학생이 모이는 일을 금지하고 있어, 딱히 모일 곳이 마땅치 않은 고려대학교의 선교단체들과 학생들은 자신들이 시간표를 조정하여 평일에 작은 이 공간을 아주 유용하게 사용하고 있다. 그리고 이런 모임들이 예배에 영향을 미치지 않아, 주일에 참석하는 일반 교인들은 주중에 이런 일들이 일어나는 것에 대해 잘 모르는 경우가 많을 정도이다. 교회 건물은 잘 사용하면 되지 그 자체가 영광스러운 것은 아니다.

어떻게든 하나님을 좋은 곳에서 예배하고 싶은 마음을 모르는 것은 아니다. 그러나 정작 하나님이 무엇을 원하시는지 생각해 볼 일이다. 성경을 공부하면 할수록, 하나님에 대해 묵상을 하면 할수록, 우리 하나님은 화려하게 겉모습만 번지르르한 교회를 좋아하실 것 같지는 않다. 오히려 누추하더라도 정성껏 드리는 예배를 받으시고, 또한 예배를 드리고 흩어져서 각자의 삶 속에서 드리는 개개인의 영적 예배를 받으실 것이다.

교회의 진실성 여부는 건물이나 프로그램에 있지 않다. 그 교회에 속한 신도들이 드리는 예배의 깊이와 그 교회 구성원들의 삶에 묻어난다. 교회를 아름답게 치장하고 싶은 마음은 결국 그곳에 출석하는 자신들을 치장하고 싶어 하는 인간들의 욕심이 아닌지 다시 되돌아보아야 할 때다. '내가 다니는 교회는 이 정도는 돼야지!'라고 생각하는 자만심 때문이 아닐는지. 결국, 교회의 주인을 자신들이라고 생각하는 무지함 때문이 아닐는지. 그러나, 누가 뭐라 해도 교회의 주인은 하나님이시다.

신앙의 워크아웃

워크아웃(work out)이란 부실기업 중 회생 가치가 있는 기업을 살려내는 작업을 의미하기도 하고, 문제 해결을 위해 계획을 수립하고 실행에 옮기는 일련의 과정을 포함하는 개념으로, 각종 구조조정과 경영혁신 활동을 의미하기도 한다. 또한, 다국적기업인 GE(General Electric)의 독창적인 경영 체질 강화운동을 말하기도 하는데, '끝장 토론'으로 잘 알려진 타운 미팅(town meeting)을 통해 불필요한 습관과 문화를 제거하는 것을 일컫기도 한다.

그런데 이 워크아웃이라는 단어는 성경의 아주 중요한 부분에서도 사용된다.

'두렵고 떨림으로 너희 구원을 이루라(Work-out your salvation

with fear and trembling)' (빌 2:12)

즉, '구원을 이루라'는 의미에서 사용되었다는 것에 집중할 필요가 있다. 교회는 양적 성장을 위해 일반 기업체에서 하는 마케팅적인 방법들만 따라 할 것이 아니라, 교회의 회복과 개인의 올바른 신앙생활을 위해 이런 피나는 자구노력을 '구원을 이루는(work out)' 마음으로 충실히 수행해야 한다.

불편한 십자가 메시지를 뺀 신학을 '담요 신학'이라 한다. 이미 교회에 이 담요 신학이 깊이 파고들었으니 안타깝기 그지없다. 많은 교회가 고객인 신도들을 최대한 편안하게 해주려고 애쓴다. 십자가 메시지는 쏙 빼고, 부와 번영과 좋은 집과 고급 승용차, 그리고 시설 좋은 교회 건물, 어마어마한 교육관과 주차장 이야기만 한다. 이런 교회에서 이런 메시지를 귀가 닳도록 들어온 사람들이 어떤 삶을 살 것인지는 자명하다.

옛날 가톨릭 기사단은 이상한 방식으로 세례를 받았다고 한다. 세례를 받을 때 기사는 검을 소유하고 받되 물에 담그지는 않았다. 몸을 물에 담근 상태에서도 손을 머리 위로 들어 올려 검에 물이 묻지 않게 했다. '저를 드리지만, 이 검은 포기할 수 없습니다. 전쟁터에서만큼은 이 검은 제 뜻대로 사용할 것이니 참견하지 마십시오'라는 의미이다. 황당해 보이는 이 일화에서 우리도 자유롭지 못하다. 우리는 지금 검 대신에 지갑과 집문서, 각종 유가증권과 학위증명서 등을 머리 위로 들고 있는 것은 아닌지.

그러나 우리는 십자가의 메시지를 한순간도 잊을 수 없다. 교회가 올바른 방향과 순수성을 잃어버리고, 올바른 하나님의 메시지를 소유하지 못한 신도들이 갈팡질팡하는 지금, 우리는 피나는 노력이 필요하더라도 신앙의 워크아웃을 통해 체질개선을 이루어야 한다. 이는 우리의 생명과 관련이 있으므로 매우 중요하고 포기할 수 없는 문제이다.

팬인가, 제자인가

평소에는 교회에 나오지 않다가 크리스마스와 부활절에만 발걸음을 하는 사람이 적지 않다. 그런 사람을 '크리이스터(Creaster)'라 부른다. 크리스마스(Christmas)와 부활절(Easter)을 합성해서 만든 말이다.

우리가 성경에서 접하는 메시지 중 가장 섬뜩한 내용은 심판의 날 우리가 아무리 그리스도의 제자임을 자처해도 정작 하나님이 우리를 모른 체하실 수 있다는 것이다. 마태복음 7장에서 예수님은 모든 사람이 하나님 앞에 서게 될 날에 관해 말씀하셨다. 그날, 많은 '자칭 그리스도인들'이 예수님 앞에 당당히 섰다가 "나는 너를 모른다. 썩 물러가라!"는 호통을 듣고 '좁은 문'에 대한 메시지를 떠올릴 것이다.

오늘날 교회의 가장 큰 문젯거리는 스스로 그리스도인이라고 말하지만 정작 그리스도를 따를 생각은 추호도 없는 팬들이다. 온갖 혜택을 바라며 예수님의 주위로 몰려드는 팬들은 있다. 하지만 자신을 희생할 만큼 그분과 가깝지는 않다. (『팬인가, 제자인가』, 카일 아이들먼, 2013, 두란노, 30쪽)

하나님을 믿는다고 하면서 그 가르침을 따르지 않는 사람들이 많다. 복음은 이런 이중적인 모습을 인정하지 않는다. 진짜 믿음은 말로만 믿는 것이 아니다. 마태복음 7장의 메시지처럼 그 열매를 통해 나무를 알기 때문이다.

교회는 그리스도의 팬클럽이 아니다. 자신이 좋아할 때, 필요할 때는 열정적으로 찾다가 시들해지면 등을 돌릴 수 있는 그런 사교 클럽이 아니다. 팬은 예배에 참석도 하고, 기도를 따라 하고, 믿음을 고백하지만, 실제로 예수님을 따르지는 않는 사람이다. 그 삶의 열매를 보면 알 수 있다. 우리가 잘 알아보지 못해도 하나님은 아신다. 절대 속일 수 없다. 하나님은 그런 믿음을 인정하신 적이 없다. 그분은 말뿐인 믿음이 아니라 삶 속에서 열매 맺는 믿음을 찾고 계신다. 그분을 믿는다고 하면서 정작 따르지는 않는다면 팬에 불과할 뿐이다. 그분은 팬이 아니라 목숨이 요구될지라도 그 뜻을 따르는 제자를 찾으신다.

오늘날 교회가 이토록 인심을 잃고 있는 이유가 무엇인가? 이 나라에 교회가 몇 만 개나 되는데도 사회는 조금도 나아질 기미가 보이질 않는다. 오히려 더 험악해져 간다. 헌신하기를 원하는 그리스도의 제자들이 자꾸 줄어들고 있기 때문이다. 자기 득실을 계산하면서 철저히 자기 본위로만 신앙생활 하는 팬들이 수만 명 모인다 한들, 그런 교회가 무슨 힘이 있겠는가. 그런 교회들이 늘어나면 이 사회에 무슨 영향을 끼치겠는가.

하나님은 교회에 몇 만 명이 모이느냐에 대해서는 별로 개의치 않으신다. 그분이 찾으시는 것은 자신의 모든 것을 주님 발 앞에 깨뜨린 마리아처럼 사랑으로 헌신하고 순종하는 사람이다.

교회 역사를 다루는 많은 문헌에 따르면 마태는 에티오피아에서 칼에 맞아 생을 마감했다고 한다. 마가는 이집트의 알렉산드리아에서 말에 질질 끌려다니다가 숨이 끊어졌다. 누가는 그리스에서 교수형을 당했고, 베드로는 십자가에 거꾸로 매달렸다. 도마는 인도에서 선교 여행 중에 창에 찔렸다. 예수님의 형제 유다는 믿음을 버리지 않은 죄로 화살에 맞아 죽었다. 야고보는 예루살렘에서 참수형을 당했다. 이런 극단적인 사례를 드는 이유는, 그리스도의 제자로 산다는 것이 지금 우리가 생각하는 것처럼 만만한 것이 아니라는 것을 말하기 위함이다. 그것은 목숨이 요구되는 상황이 오더라도 하나님에 대한 믿음을 지키며 그 말씀대로 살겠다는 결단과 실행이 요구되는 일이다.

예수님은 자신을 졸졸 따라다니는 거대한 무리에게 분명히 말씀하셨다.

수많은 무리가 함께 갈새 예수께서 돌이키사 이르시되 무릇 내게 오는 자가 자기 부모와 처자와 형제와 자매와 더욱이 자기 목숨까지 미워하지 아니하면 능히 내 제자가 되지 못하고 누구든지 자기 십자가를 지고 나를 따르지 않는 자도 능히 내 제자가 되지 못하리라 (눅 14:25~27)

구도자 예배는 누구를 위한 것인가

몇 해 전, 한 뉴스 앵커가 설날 귀성 상황을 전하면서 고향을 찾아 가는 자녀들의 손에 들린 선물 꾸러미를 뇌물성 보따리라고 언급한 적 이 있다. 일부 세배하러 가는 자식들이 부모의 유산을 더 많이 받기 위해 준비한 보따리라는 뜻이다. 노인들 사이에서는, 일단 자식들에게 유산을 주고 나면 부모를 찾는 발걸음이 뚝 떨어진다며 물려주더라도 죽기 바로 직전까지 들고 있어야 한다는 말이 유행일 정도다. 옛말에 제사에는 관심이 없고 젯밥에만 관심이 있다는 말도 있듯, 세배와 부 모의 안녕에는 관심이 없고, 다른 것에 마음이 있다는 행태를 꼬집고 있다.

나도 어릴 적 설날 세배를 위해 친척 어르신 댁을 방문할 때, 사실 그분들에 대한 공경이나 오랜만에 만나는 반가움보다는, 어느 분이 세뱃돈을 얼마 주실지, 받은 세뱃돈으로 무엇을 할지에 더 큰 관심이 갔고, 세뱃돈을 많이 주시는 분은 기쁜 마음으로 방문했지만, 그렇지 않은 분을 방문할 때는 무척 귀찮아했던 기억이 난다.

그러나 부모님의 만수무강을 기원하거나 감사와 공경의 마음이 없이 오히려 재물을 탐내는 것은 평생 키워주신 분들을 욕보이는 것이다. 그런 속셈을 눈치챈 부모의 마음은 세배가 전혀 기쁘지 않을 뿐 아니라 괘씸하기까지 할 것이다.

이런 문제가 하나님께 드리는 예배에도 심각하게 나타나고 있다. 예배의 핵심은 하나님께 감사와 영광을 드리는 것이다. 모든 교회는 하나님께 온 정성을 다해 감사와 영광을 드릴 수 있도록 정성스럽게 예배를 준비해야 한다. 예배의 주인공은 받으시는 하나님이시기 때문이다. 그런데 '구도자 예배(seeker service)'라는 형태가 유행하면서 예배의 주인공이 마치 참석하는 청중들인 것처럼 오해받을만한 상황들이 벌어지고 있다.

구도자 예배는 미국에서 1975년 빌 하이벨스 목사가 개척한 윌로우크릭교회에서 처음으로 시작된 새로운 예배 형태이다. 하이벨스는 영적인 갈급함을 가지고 있는 사람들을 구도자라 칭하고 이들을 위한 예배를 준비하여, 이를 구도자 예배로 부르게 되었다. 이것이 한국에 도입될 때 예배의 개방성에 초점을 맞추어 불신자를 포함한 누구에게나 예배의 기회가 열려 있다는 뜻에서 한국에서는 '열린 예배'라는 의미로 자리 잡았다. 수정교회의 로버트 슐러, 윌로우크릭교회의 빌 하이벨스, 새들백교회의 릭 워렌, 래그우드교회의 조엘 오스틴 등이 특히 한국 교회에 많은 영향을 끼쳤다.

이 형식은 전통적인 예전의 틀을 벗고 자유로운 옷차림과 일상적인 말투를 강조하면서 비디오상영, 연극, 뮤지컬, CCM 찬양 등 다양한 형태의 접근을 통해 '보여주고 참여하는 예배의 틀'을 제공하고 있다. 심지어 예배 중간에 강단에 개까지 출연시킨다.

구도자 예배의 특징은 믿지 않는 사람들을 존경과 사랑으로 대하여 예배를 그들의 필요와 연결해 실제적이고 이해하기 쉬운 방법으로 말씀을 나눠야 한다고 믿고 예배를 기획하는 데 있다. 그래서 구도자 예배의 분위기는 기존 교회의 예배 분위기와는 사뭇 다르다.

구도자 예배에는 긍정적인 요인이 있다. 미디어 홍수 속에서 문화의 변혁이 일어나는 요즘, 다양한 문화의 옷을 입고 적극적으로 불신자들, 젊은이들의 발걸음을 교회로 돌리게 할 수 있다. 실제로, 현재 많은 대형 교회가 이 방법을 사용하고 있다. 그러나 이는 예배의 본질을 잃어버리고, '드리는' 예배가 아닌 '구경하는' 예배가 될 수 있으며, 예배라는 이름으로 인간의 즐거움과 오락을 더 추구하게 될 위험성이 존재한다.

구도자 중심의 예배를 기획하고 추구하는 목회자들의 경우, 그 초점이 어떻게 효과적으로 전도해서 교회에 사람들을 더 많이 불러 모을 수 있느냐에 있지, 성도 개인으로 하여금 제자도의 삶을 살게 하고, 또 교회로 하여금 복음의 본질을 회복하여 대사회적인 공신력을 회복하는데 목적을 두고 있지 않다. 많은 수의 구도자 중심 교회들이 교회를 찾아오는 개인들의 피상적인 욕구와 흥미를 충족시키는데 더 많은 초점을 두고 있다.

그러다 보니 일부 복음 전도사들은 미리 일정한 시간에 몇몇 사람들로 하여금 연단 앞으로 나가 간증과 헌금을 하도록 각본을 짜서, 다른 신도들의 행동을 부추기는 상황을 연출하곤 한다.

　조금 오래되긴 했지만, 다음의 사례는 우리의 어깨를 더욱 축 늘어지게 한다.

　빌리 그레이엄(Billy Graham) 센터에 잠입하여 조사했던 애리조나 주립대학의 연구팀은 그러한 사전 준비가 정말로 있었다고 증언하였다. "그레이엄이 연단 앞으로 사람들을 초청할 때쯤이면, 6,000명의 사람이 순서대로 제단에 나아갈 준비가 모두 끝나 있다. 이는 다수의 사람이 자발적으로 연단을 향해 모이고 있다는 인상을 주기 위함이다(Altheide & Johnson, 1977)." (『설득의 심리학』, 로버트 치알디니, 2002, 21세기북스, 186쪽)

　구도자 중심의 예배 모델은 이미 윌로우크릭교회의 자체 보고서 「발견(Reveal), 국제제자훈련원 역간」에서 거론된 바와 같이, 개교회의 유지나 성장에는 일시적 도움을 줄지 모르나, 성도들 영성의 지속적인 성장과 성숙에는 큰 문제를 안고 있다는 것이 밝혀졌다. 대중을 향한 문화적 접근은 물론 매우 중요하다. 그러나 이들이 말하는 문화적 사역이란 교회의 문화적 취향을 바꾸는데 그치기 쉽고, 복음의 본질적인 가치와는 얼마든지 무관할 수 있으며, 하나님중심이 아니라 사람중심으로 흘러갈 가능성이 얼마든지 있음을 간과해서는 안 된다.

　문화사역은 분명 필요하다. 그러나 이것이 현재 예배의 대안이 될 수 있다고는 생각되지 않는다. 문화를 통해 다양한 하나님의 메시지를 전할 수는 있지만 이런 문화적 매체만이 복음 전달의 모든 수단이라 오해해서는 안 될 것이다. 설령, 시각과 청각 효과를 자극하는 매체가 조금 부족하더라도 그리스도인의 삶 전체가 가장 중요한 복음의 매체이기 때문이다. 시청각 매체와 문화적 도구가 아무리 뛰어나다 할지라도 삶이 떠받쳐주지 못하는 신앙은 오래갈 수 없다. 이런 점에서 우리는 대형 교회와 구도자 예배가 의존하는 문화 매체들과 또한 이들 교회와 예배가 암묵적으로 지지하고 있는 신자본주의 사회의 여러 가지 가치에 대해 복음적 비판이 반드시 필요하다. 이런 점에서 풀러신학교의 이학준 교수가 『한국 교회, 패러다임을 바꿔야 산다』에서 주장한 아래 내용은 그 의미가 매우 깊다.

문화사역을 통해서 교회 성장과 부흥을 꾀하는 절대다수의 교회들이 성도들의 복잡한 삶의 현장에서 발생하는 병리 현상에는 눈을 감고, 단지 심리적이고 사적인 영성을 통해서 일시적으로 사람들을 즐겁게 하는 일에 몰두하는 경향이 농후합니다. 그런 교회들은 예배를 마치 방송의 오락프로그램이나 스포츠, 여가 등이 사회에서 수행하고 있는 역할과 같은 것으로 전락시켜서 많은 경우, 개인의 심리적, 정서적 평안과 양육에만 목회의 초점을 맞춥니다.

지금 한국 개신교에 진정으로 필요한 것은 구도자 예배와 같은 기술적 대응이 아니라, 한국 사회 전체를 복음의 가치와 능력으로 변혁시킬 수 있는 근본적인 대응입니다.

물론 시대의 문화적 변화로부터 유리된 교회는 복음을 전달하는 일에 어려움을 겪을 수밖에 없다. 왜냐하면, 복음 전파도 결국은 여러 문화적 의사소통의 수단과 매체들을 불가피하게 사용하기 때문이다. 그러나 이런 문화적 매체만이 복음 전달의 모든 수단인 듯 오해해서는 안 된다.

　　1990년대 이후 한국 교회에서는 믿지 않는 사람들이나 초신자들이 좀 더 쉽게 예배에 나아올 수 있도록 배려하는 형식과 접근 방법을 택하여 '열린 예배'라는 형태가 많이 사용되기 시작하였다. 그러나 주로 불신자나 초신자 대상으로 문화적인 다양한 접근을 시도하는 까닭에 예배의 주인이 '받으시는 하나님'이 아니라 '보는 사람들'이 되기 십상이다. 하나님이 주인공이 아닌 것은 예배가 아니라 그냥 집회일 뿐이다. 예배라는 것은 복음을 듣고 예수 그리스도를 영접한 사람만이 신령과 진리로 하나님의 구원의 은혜와 사랑에 감격하고 감사하여 하나님께 최고의 존경과 높임을 드리는 것이기 때문이다.

　　그러므로 하나님을 마음에 영접하지 아니한 사람들은 예배가 무엇인지 알지 못하기 때문에 진정한 예배를 드릴 수 없다. 이 말은 불신자가 예배에 참여하면 안 된다거나 예배를 드릴 수 없다는 뜻이 아니다. 비록 하나님을 모르고 예배가 무엇인지 몰라도 예배에 참여하는 것은 하나님께서 기뻐하시는 것이고, 본인에게도 유익한 것이다. 불신자가 예배에 참여하여 복음을 듣고 하나님을 알고 예수님을 믿게 되어 하나님께 진정으로 예배를 드릴 수 있는 데까지 나아가는 것이 하나님의 뜻이다. 미국 퀸즈제일교회 담임목사인 황상하 목사의 주장은 이런 점에서 매우 중요하다.

예배는 불신자 중심이 아니라 신자 중심이 되어야 한다. 예배에서 계시를 통해 하나님의 하나님 되심이 드러나고, 하나님의 사랑이 선포되고, 복음이 증거되지만, 예배의 최우선 가치가 전도는 아니다. 예배가 전도의 수단이 되어서는 안 된다는 말은 전도를 등한시하거나 무시하는 것이 아니다. 예배를 전도의 수단으로 생각하면 진정한 예배의 뜻이 왜곡되어 예배와 전도를 다 그르치게 될 수 있기 때문에 전도의 수단으로서의 예배는 지양되어야 한다.

첨단 기술과 다양한 문화적 도구들을 활용하여 현대적 문화코드에 익숙한 사람들에게 맞추어 예배를 재구성하는 일에는 각별한 주의가 요구된다. 이런 구도자 예배와 문화사역에는 분명 한계가 있다. 이런 시도들은 '고객을 제대로 알아야 고객이 원하는 제품, 상품, 서비스를 제공할 수 있다'는 마케팅적인 생각에서 기인한다. 현대인들의 변화된 문화적 의식과 욕구에 부응해야 사람들을 끌어모을 수 있다는 생각이 위기의식 없이 자연스럽게 확산되고 있다. 현대적 경영 기법에 기초한 이런 시도들은 현대 교회가 직면한 위기 해결에 도움을 주는 부분이 있다는 주장이 일정 부분 설득력을 가지지만, 이런 방법들이 한국 교회에, 기독교의 정체성 위기 회복에, 신앙의 본질 회복에 얼마나 도움을 줄지는 의문이다. 어떤 방법을 사용하든 예배의 주인공은 하나님이시다.

구원의 면죄부는 얼마짜리?

2004년 아테네올림픽 50m 소총 3자세 경기에서 미국 선수 매슈 에먼스(Matthew Emmons)는 금메달을 향해 단 한 발만을 남겨놓고 있었다. 표적을 맞히기만 하면 금메달을 딸 수 있는 상황이었다. 하지만 매슈는 황당한 실수를 저지르고 말았다. 자신의 표적이 아닌 남의 표적을 쏴버린 것이다. 그는 2번 레인에 서서 3번 레인의 표적을 쏘았다. 3번 표적을 제대로 맞히긴 했지만, 자신의 표적이 아닌 까닭에 점수는 0점 처리되었고, 매슈는 금메달을 중국 선수에게 내주고 8위로 추락하고 말았다. 그는 2008년 베이징 올림픽에서도 계속 1위를 달리다가 한 발을 남겨둔 상황에서 4.4점을 기록함으로써 4등에 그쳤고, 2012년 런던 올림픽에서도 계속 1위를 달리다가 마지막 한 발이 7.6점을 기록하면서 동메달에 머물고 말았다.

이처럼 경기 끝까지 자신의 페이스를 유지하기 어려운 것처럼, 평생 신앙을 지키기란 쉬운 일이 아니다. 그러나 하나님은 우리에게 명령하셨고, 성령님께서 돕고 계신다. 그렇지만 간혹, '하나님이 실수하시는 것 아닌가'하는 생각이 드는 일들이 생긴다. 분명한 것은, 하나님이 실수하시는 것이 아니라 사람들의 믿음 없음과 불순종함으로 하나님을 욕되게 하고 있다.

많이 안다고 해서 잘 믿을 수 있는 것은 아니다. 신학대학 교수라고 해서 모두 믿음이 좋은 것은 아니다. 아는 지식은 적어도 구원에 대한 확신과 몇 가지 중요한 성경내용을 붙잡고 평생을 하나님 보시기에 충직하게 살아가는 촌부의 믿음이 더 작다고 할 수 없다. 물론 이는 전적으로 하나님께서 판단하실 일이다.

죄 많은 이 세상 속에서 하나님의 말씀을 지키며 살아가는 데 필요한 것은 시설 좋은 교회 건물, 유명한 목회자, 많이 배운 성경지식이 절대적인 보증수표가 될 수 없다. 단지 '예수님짜리 믿음'이 필요하다. 인류 역사상 최고의 부와 진보된 과학기술의 혜택을 받고 살아가는 우리지만 이것들이 우리의 구원을 위해 할 수 있는 것은 아무것도 없다. 오히려 이것들을 의지하느라 하나님을 더 우습게 알고 사람, 건물, 재물, 지식, 기술, 문화 등을 그 자리에 놓으려 한다. 한국 교회는 현세에서의 물질적 번영을 신실한 성도에게 주시는 하나님의 복으로 여겨왔다. 그러나, 이런 엄청난 축복이 가장 큰 신앙적인 위기를 초래하고 있다.

우리는 문화의 빠른 변화에 눈을 돌리느라 정신이 없고, 물질적인 것들에 마음을 빼앗기고 있으며, 과학이 기독교를 대체할 수 있다는 착각에 사로잡혀 있다. 우리는 우리가 세상에 관한 온갖 지식을 소유하고 있고 역사상 가장 현명한 세대라는 착각에 사로잡혀, 지혜와 통찰력을 얻기 위해 우리 선조에게 머리를 숙일 필요가 없다고 믿는다. 우리가 소유한 모든 과학기술의 지식과 지적 오만으로 말미암아 우리는 인류 역사상 가장 똑똑한 바보가 되어 가고 있다. (제임스 패커, 추천사 7~8p, 『복음이란 무엇인가』, 마이클 호튼, 부흥과 개혁사, 2004)

교회는 신도들로 하여금 다른 것을 의지하는 믿음이 아니라 '예수님짜리 믿음'을 소유하도록 가르치고 도와야 한다. 교회는 생명체이므로 바른 일을 해야 그 생명력이 유지된다. 하나님이 보실 때 교회는 건물도, 제도도, 조직도 아니다. 교회는 그 구성원들을 일컫는 사람들의 공동체이다. 그 구성원들의 삶이 모여 교회의 성격이 드러난다. 교회가 더는 하나님의 뜻에 부합하지 않으면 그리스도께서 거기에 계시지 않는다. 하나님의 뜻과 맞지 않는다면 그것은 돌무더기에 지나지 않기 때문이다. 교회도 죽을 수 있고, 하나님의 뜻 가운데 있지 않으면 그리스도께서 등을 돌리실 수 있다. 교회를 교회답게, 신도를 신도답게 하는 것은 오직 하나님의 말씀을 분별하고, 그 말씀에 의지하여 살아가는 예수님짜리 믿음이 있어야 가능하다.

누가복음 7장 36~50절 말씀에는 눈물로 예수님의 발을 적시고 자기 머리털로 씻고 그 발에 입 맞추고 향유를 부은 여인에 대한 이야기가 나온다. 그리스도께서 그 여인을 칭찬하신 이유는 여인이 은혜에 합당한 일을 했고 그 믿음을 보셨기 때문이다. 여인은 그 행위로 죄 사함을 받은 것이 아니다. 이미 죄 사함을 받았고, 그에 합당한 행동을 한 여인을 칭찬하신 것이다. '저의 많은 죄가 사하여졌도다(Her many sins have been forgiven)'의 시제가 현재완료임에 주의해야 한다. 그의 믿음은 예수님께 인증 받은 것이다.

많이 갖다 바치라는 것이 아니다. 예수님에게 발 씻을 물도 주지 않고 입 맞추지 아니하였으며 머리에 감람유도 붓지 아니한 바리새인이 값비싼 음식으로 예수님을 대접했다 한들, 예수님께 감동을 줄 수 없었을 것이다. 헌금 주머니에 풍족한 중에서 많이 넣은 부자보다, 겨우 두 렙돈을 넣은 과부가 구차한 중에서 자기 모든 소유 곧 생활비 전부를 넣었음을 칭찬하시는 것에 집중해야 한다. 헌금하는 액수가 그 사람의 믿음의 척도는 아니다. 우리는 흔히 더 많이 넣으면 더 많은 복을 받는다는 샤머니즘적인 생각을 하고 있다. 예수님 은혜의 구원은 '얼마짜리'로 표현될 수 없다. 그것은 '예수님짜리'로 표현되어야 한다.

2부

맘몬, 포스트모더니즘,
샤머니즘의 유혹

그 입으로는 사랑을 나타내어도 마음으로는 이익을 따름이라 (에스겔 33:31)

맘몬이즘(mammonism)에 물든 한국 교회

"한국 개신교의 가장 큰 문제는, 하나님이 우리의 예배와 섬김과 삶의 목적이 아니라 우리의 욕구를 충족하기 위한 수단이 된 것입니다."

풀러신학교에서 신학 및 윤리학을 가르치는 이학준 교수는 그의 저서 『한국 교회, 패러다임을 바꿔야 산다』에서 이와 같이 한국 교회의 타락을 경고한다. 많은 한국 교회들이 제아무리 하나님의 이름과 성경 구절로 도배하고 미화하고 있다고 해도 그 안에 담겨 있는 근본 동기들은 세속적 성공과 욕망의 충족인 경우가 많다는 것이다. 바꾸어 말하면, 한국의 교회와 기독교인들이 열정적으로 하나님을 찾지만, 그 내면을 들여다보면 하나님을 그 자신들의 삶의 중심과 가장 중요한 가치로 여기지 않는다는 것이다.

일제의 핍박과 한국 전쟁의 폭풍우를 잘 넘긴 후 한국 교회가 근대화와 대한민국 재건에 큰 공을 세운 것은 사실이다. 세계에서 가장 가난한 나라 중 하나였던 한국이 세계 10위권 경제 대국으로 성장하는데 개신교가 직간접적인 역할을 하였다. 세계 교회 역사상 유래를 찾기 어려운 새벽기도, 종교적인 헌신, 열정적 전도를 통해 한국 개신교는 많은 사람을 변화시켰다. 기독교 신앙은 일제치하와 한국전쟁 후 패배의식과 가난에 찌들어있던 사람들에게 도박, 술, 담배, 나태, 방탕 등 나쁜 습성들을 버리고 근면하고 생산적인 경제활동을 할 수 있도록 심리적 동기를 부여했다. 그러나 1960년대 이후 급격히 형성된 자본주의적이고 기복적인 요소들이 결합되어, 교회 성장주의, 물량주의, 배금주의, 패권주의의 심각한 영향을 받아 성장하게 되었다.

그러나 마치 운동선수가 지금의 성적을 위해 스테로이드와 같은 약물을 복용하면 시간이 흐를수록 몸의 근본 체질과 건강을 심각하게 해치는 것과 같이, 성장, 물질적 축복, 전도 등의 단기적 결과에 매진해 온 한국 교회는 영적 체력이 고갈되어 가고 있다. 하나님의 은혜로 말미암은 성장과 외적 축복이 무조건 나쁜 것은 아니겠지만, 주객이 전도되어 기독교 신앙의 기본 가치인 하나님의 사랑과 공의에 바탕을 두지 않는다면, 결국 자기 몸을 해치는 독이 될 수 있다.

현재 많은 사람이 한국 교회의 이기심과 탐욕에 혐오감을 느끼며, 그 결과 기독교와 하나님을 부정하는 현상이 공공연히 벌어지고 있다.

한국 교회가 가장 마음을 쏟는 것은 바로 교회의 양적 성장과 축복이라는 사실을 부정하기 어려울 것이다. 오랫동안 한국 개신교가 교회 성장을 위해 기복적인 신앙을 추구한 결과, 현세 기복적인 황금만능주의가 교회 내에 침투하여 성공, 건강, 부, 자녀 출세 등 현세의 축복이 신앙의 목적인 것처럼 변질되어 왔다. 오늘날 사회에 팽배한 물질주의와 성장논리, 각종 경영원리가 교회에 흡수되면서 축복론, 교회성장론 등으로 번역되어, 교회 사역의 가치와 질에 대한 평가를 물질적 수치로 평가하게 되고, 결국 교회의 운영이 세속 경영의 논리에 지배당하게 되었다.

이런 교회 성장과 성도들의 축복을 연결하여 강조하고, 이론적으로 뒷받침하기 위해 성경을 입맛에 맞게 짜깁기하여 건강과 평안이라는 성경 원리의 한 부문을 마치 전체 진리인 양 몰아가고 있다.

교회가 세상을 걱정해주는 것이 아니라 오히려 세상이 교회를 걱정하는 꼴이 되어버린 지금, 한국 교회는 물질주의라는 거대한 우상의 도전에 휘청거리고 있다. 이스라엘 백성이 우여곡절 끝에 광야를 지나왔음에도 불구하고, 오히려 가나안에 정착하는 과정에서 우상들을 섬기고 이방 문화와 타협함으로 하나님을 배역하고 실패했던 모습과 크게 다르지 않다.

아무리 거룩해 보이는 종교의식과 행사도 그 내면에 자리 잡고 있는 최고의 가치가 물욕적인 욕망과 세속적 의미의 성공이라면, 그것은 하나님을 오히려 욕보이는 것이다.

오늘날 교회는 너무 많은 것을 소유하려 한다. 기독교 원리는 우선

버리는 것이다. 예수님께서 친히 우리에게 버리는 것을 보여주시지 않았는가. 가족을 버리고, 고향을 버리고, 마침내는 인간에게 가장 소중한 목숨도 버리셨다. 그래서 기독교는 버림의 원리가 중요하다. 십자가는 버림의 극한이고 그 극한을 통해서 예수님은 부활의 기적을 이루셨다. 버리는 것이 바로 얻는 것이다. 예수님께서 모든 것을 버리심으로써 우리에게 영생의 길이 주어진 것을 기억해야 한다.

많은 사람이 처음에는 자신의 개인적인 욕심을 채우기 위해 교회에 드나든다. 세상에서 출세하는 데 도움이 될까 하여 교회를 찾을 수도 있고, 병 고침을 받기 위해서 나올 수도 있다. 이것이 꼭 나쁘다고 말할 수는 없다. 우리는 연약한 인간이기 때문에 현실적인 필요나 욕구를 완전히 초월해서 살 수 없기 때문이다. 처음에는 그렇게 교회에 나오기도 한다. '교회에 나오면 좋다', '교회에 가면 마음이 편안하다'는 막연한 생각을 가지고 나오는 경우도 많다. 그러나 예수를 오래 믿었으면서도, 여전히 떡을 찾고 있는 사람으로 머물고 있는 경우가 많은 것이 문제다. 예수님은 이런 사람들을 책망하지 않으셨는가. 이들에게는 하나님을 추구하는 것이 중심이 아니고, 영생을 얻는 것에 관심 있는 것이 아니라, 마음에 원하는 육신적이고 현실적인 욕구가 우상이 되어 버렸다. 문제는 하나님중심이 아니라 자기중심으로 신앙생활을 한다는 데 있다. 교회에 다니고 예수를 믿는다고 열심이지만 그 마음에 예수님보다 더 귀하게 여기는 것이나 사랑하는 것이 있다면, 그것이 우상 아니겠는가.

그 입으로는 사랑을 나타내어도 마음으로는 이익을 따름이라 (겔

33:31)

　우리 주위에는 병들었다가 누구에게 안수를 받고 기적적으로 병이 나아 예수를 믿게 된 사람들이 있다. 이런 체험도 중요하다. 그러나 이런 경우, 진짜 예수님을 믿는 것인지, 아니면 병 나은 체험을 믿는 것인지, 다시 한 번 점검해 봐야 한다.

　열심히 기도해서 사업이 번창하니 그것 때문에 들떠서 예수를 믿고 교회에 나오는 것은 아닌지 돌아봐야 한다. 물론 기도로 병이 낫거나 사업이 잘되면 감사한 일이다. 그러나 이런 응답들이 담보된 믿음을 가진 사람은 잘못하면 믿음의 주요, 온전케 하시는 예수 그리스도를 보지 못할 수도 있다. 이런 부류의 사람들은 나중에 기도한 대로 일이 잘되지 않으면 다시 원래의 세상으로 돌아갈 수 있다.

　교회가 고민해야 할 것은, 어떻게 하면 접근성이 좋은 곳에 넓은 주차장을 완비한 최신식 대형 건물을 지을까, 즉 외형적인 성장과 치장이 아니다. 교회의 중심이 누구를 향해 있고, 무엇을 가장 중요하게 생각하고 사랑하고 있는가를 고민해야 한다. 물론 모든 교회는 그 중심이 하나님을 향해 있다고 할 것이다. 그러나 정작 한국 교회의 모습과 그 드러나는 열매들을 보면, 하나님 보시기에 진정 하나님을 가장 중요하게 생각하고 있다고 말할 수 있을 것인가.

　교회나 개인이나 자신이 가장 중요하게 생각하고, 가장 깊이 추구하고 사랑하고 섬기는 것이 무엇인가에 따라 삶의 모습과 방향이 결정된다. 그 점에서 한국 개신교가 직면한 가장 심각한 영적인 문제는 하나님이 아닌, 하나님을 가장한 우상을 더 사랑하고 좇는 경우이다.

아무리 겉으로 하나님의 이름을 부르짖는다고 하더라도, 아무리 하나님의 이름으로 많은 사역을 벌여 놓는다고 하더라도, 그 중심에서 추구하고 있는 목적과 가치가 하나님이 아니라 물질과 권력이라면, 이는 맘몬이즘(mammonism)이라는 우상을 섬기고 있을 뿐이다. 한국 교회와 기독교인들이 쏟아 놓는 열매들을 놓고 볼 때, 배금주의와 현세적 성공주의 등이 현재 한국 교회의 가장 강력한 우상이 되고 있다.

마태복음을 살펴보면 예수님께서 가장 심각하게 경고한 우상숭배의 형태가 바로 이 맘몬 우상숭배였던 것을 알 수 있다.

네 보물 있는 그곳에는 네 마음도 있느니라 (마 6:21)

한 사람이 두 주인을 섬기지 못할 것이니 혹 이를 미워하고 저를 사랑하거나 혹 이를 중히 여기고 저를 경히 여김이라 너희가 하나님과 재물을 겸하여 섬기지 못하느니라 (마 6:24)

모든 종교의 우상숭배는 파괴력을 가지고 있다. 그중에서도 맘몬 우상숭배가 가장 파괴력이 크다. 많은 불의와 갈등의 근본 원인이기 때문이다. 목회자들 가운데 이 문제로부터 자유로운 사람은 많지 않고, 특히 한국 개신교 리더로 존경받던 목사들이 이 문제에 발목을 잡혀 하루아침에 넘어지는 경우가 많다.

그러므로, 한 치도 틈을 보이지 말고 맘몬 우상숭배를 배격해야 한다. 공중에 나는 새도 먹이시고, 들에 피는 백합화도 입히시는 창조주 하나님의 무한한 능력과 사랑을 믿어야 한다. 그런 하나님께서 출애굽 때 광야에서 이스라엘 백성에게 만나를 먹이셨듯이, 우리에게도 '오늘 다가오는 하루를 위한 양식'을 허락하시기를 기도하는 자세로 살아야 한다.

요즘은 사탄이 곳곳에 미끼를 놓아둔 것 같다. 사람들이 좋아할 만한 돈, 섹스, 권력 등의 덫을 곳곳에 놓아두고 한국 교회 전체를 유혹하고 있는 듯하다. 사랑하는 한국 교회가 마치 사탄의 이 거대한 덫에 걸린 것 같아 마음이 아프고 안타깝다. 그러니 우리는 더욱 이 덫에 걸리지 않도록 정신 바짝 차리고 오직 하나님의 말씀만을 의지해야 할 것이다.

우리가 아무리 종교적 치장으로 포장해도 중심을 보시는 하나님을 속일 수는 없다. 우리는 하나님보다 다른 것에 더 마음을 둠으로 인해, 더는 하나님의 마음을 아프게 해서는 안 될 것이다. 경배의 대상은 오직 하나님 한 분이시다.

포스트모더니즘과 프래그머티즘 시대

지구상에서 대표적인 기독교 국가가 어디냐고 묻는다면 많은 사람이 미국을 꼽을 것이다. 전 세계로 중계되는 대통령 취임식에서 새 대통령이 성경에 손을 얹고 선서를 하는 장면을 보면 겉으로는 그렇게 보일 수도 있다. 그러나 현실은 그렇지 못하다. 지금 미국 사람들 다섯 명중 넷은 절대 진리가 존재하지 않는다고 믿기 때문이다.

현재 미국에서는 영성적이지만 종교적이지 않은(spiritual but not religious) 사람을 가리켜 그 머리글자를 따 'SBNR'이라 한다. 이들은 대학교육을 받은 화이트칼라이면서 정치적으로는 자유주의(liberal) 성향을 띠며, 현재 종교 인구 중에서 가장 빠른 속도로 증가하고 있다. 10년 안에 SBNR이 미국 인구의 25% 이상을 차지할 것이라는 전망도 나오고 있다. SBNR이 된 사람들은 인간을 억압하는 제도화된 종교와는 달리 영성은 인간을 자유롭게 한다고 주장한다. 불교, 힌두교 등 동양 종교의 유입과 자연 종교의 복원, 뉴에이지 종교의 유행도 SBNR 부상의 원동력이다. 이런 흐름의 중심에는 이미 종교화되어 가고 있는 휴머니즘이 있다.

절대적 진리에 대한 확신은 기존의 38%에서 9·11 테러 이후 22%로 떨어졌다. 이처럼 절대 진리를 믿지 않는 시대가 포스트모더니즘 시대의 대표적인 특징이다. 대다수 사람이 절대적인 신, 즉 하나님의 존재를 믿지 않는다.

포스트모더니즘을 이해하려면 먼저, 프리모더니즘과 모더니즘, 그리고 프래그머티즘을 이해해야 한다. 자신이 살아 가는 시대의 주요 사조와 생각들이 어떠한지 알아야 균형 잡힌 시각으로 성경적인 관점을 견지할 수 있기 때문이다.

프리모더니즘과 모더니즘 시대의 경계가 되는 것은 프랑스 대혁명이다. 프랑스 대혁명 전까지 중세 사람들은 초월적 존재, 즉 하나님의 존재를 당연시하였다. 비록 눈에 보이지 않지만, 절대자 신의 존재를 경외하며 의지하였고, 초월적 존재의 이름을 정확히 몰랐더라도 그 실재를 믿었다.

그러나, 초월적 존재에 대한 믿음은 근대철학의 뼈대를 구축한 철학자 임마누엘 칸트의 영향을 받아 큰 변화를 맞게 된다. 칸트는 경험론과 인식론을 통합하는 과정을 통해, 하나님의 존재는 인간의 이성으로 인식될 수 없는 존재라고 결론지었다. 칸트에 의해 기독교의 하나님은 점점 더 인간의 인식세계에서 멀어지고, 그 자리에 인간의 경험과 인식을 통해 모든 것을 달성할 수 있다고 약속하는 과학이 들어왔다. 프랑스 왕족의 몰락으로 대변되는 프랑스혁명 이후, 누구나 인정하던 절대 권력과 초월적 존재에 대한 권위는 인간의 힘과 이성으로 대체된다. 즉 관심이 절대적 존재에서 인간으로 옮겨진 것이다. 이 시대를 모더니즘 시대라 한다.

모더니즘 시대를 대표하는 사조는 계몽주의다. 새롭게 깨닫게 된 시대라는 뜻인데 초월적 존재가 아니라 인간의 이성적 능력에 절대적 권위를 부여하여 과학의 비약적 발전에 필요한 철학적 토대가 마련되었다. 그 결과 하루가 다르게 과학이 발전하였고, 이를 통해 지식인들이 이전에 가질 수 없었던 꿈과 환상을 심어주고 인간의 힘으로 무엇이든 이룰 수 있다는 자신감을 불러일으켰다. 그러나 절대자에 대한 진지한 추구는 포기했지만, 인간 사회의 최소한의 유지를 위해서는 절대자가 필요하다는 점은 어느 정도 인정했다.

모더니즘 시대에는 기독교가 심각한 타격을 받았다. 초월적 존재가 계시한 내용을 담고 있는 성경의 주장은 과학의 검증을 받아야 하는 처지에 이르게 되었다. 이런 변화는 결국 성경에서 주장하는 초월적 신과 관련된 교리에 대한 부정으로 이어지는데, 이 과정에서 기독교에 치명적 결정타를 가한 다윈의 진화론이 발표된다.

기독교의 맥락은 여전히 이어졌지만, 기독교의 심각한 왜곡과 변질이 뒤따르게 되고, 이것이 포스트모더니즘 시대로 연결된다. 초월적 진리를 믿던 프리모더니즘 시대에서, 초월적 진리보다는 인간의 이성과 과학을 믿는 모더니즘 시대를 거쳐, 절대적 진리란 존재하지 않는다고 결론을 내리는 포스트모더니즘 시대로 이어지는 것이다.

모더니즘 시대에는 인간의 이성과 과학을 중시하면서도 인간의 힘으로 해결할 수 없는 영역이 있고 절대적 진리가 존재할 수 있으며 인간 사회를 위해 반드시 존재해야 한다는 최소한의 겸손을 가지고 있었지만, 포스트모더니즘 시대에는 그나마의 겸손도 사라졌다.

포스트모더니즘은 절대적 진리란 애초에 존재하지 않기 때문에 찾을 수 없었던 것이라 단정하고, 진리는 개인마다 자신의 힘으로 만들어 내는 것이라고 주장한다. 즉 절대적 진리가 아니라 상대적 진리, 확실히 느껴지는 것만이 진리라고 간주한다.

이 시대에는 주된 관심사가 인간(human nature)에서 개인(personality)으로 바뀌게 된다. 그래서 '나는 나!'라는 내용이 주를 이룬다. 스스로 자신을 즐겁고 기쁘게 해줘야 할 책임이 있다고 하여 개개인의 존재감을 극대화한다. 절대자에 대한 갈구보다는 자아(自我)를 찾는 종교가 유행한다. 무엇보다 중요한 것은 '내가 즐거운 것'이며, 사람은 모두 이것에 대한 책임이 있다고 주장한다. 예를 들어, 과거에는 부부간에 성격 차이가 심해도 아이들에 대한 책임 때문에라도 참고 살아가다가, 요즘에는 나의 존재감과 즐거움을 추구하는 것이 더 중요하므로 이혼이라는 방법을 통해서라도 '당연히' 이 존재감을 추구하는 것이 미덕이라 여기는 분위기가 무르익어가고 있다. 사회적으로도 '옳은 것, 착한 것, 선한 것'보다는 '원하는 것, 하고 싶은 것'에 대한 갈망을 더 추구하도록 부추긴다. 우리는 신앙이 없다고 말하는 사람들이 늘어나는 점에 주목해야 한다.

포스트모더니즘의 가치관은 상대적 가치관이라 할 수 있는데 각자의 가치관이 다르니 서로 귀찮게 하지 말자는 암묵적 동의가 요구된다. 그러니 '당신이 믿는 하나님을 나한테는 강요하지 말라'고 하는 것이다. 이미 교회 속에도 깊이 파고들어온 이 상대주의적 가치관의 영향으로 함께 예배를 드리고 함께 성경을 공부하는 사람 중에서도 심심치 않게 '하나님만이 절대 진리'임을 인정하지 않는 사람들이 있다. 그들이 주장하는 것이 다원주의이다.

그러므로 하나님께서 선언하시고 가르치신 절대적 진리를 거부하는 포스트모더니즘은 교회에 심각한 영향을 끼친다. 교회는 초월적 존재와 유일하고 절대적인 진리를 믿는 공동체이므로, 프리모더니즘의 가치관을 지닌 곳이어야 한다. 그러므로 포스트모더니즘의 공격을 잘 막아내고 이 진리를 굳게 붙잡아야, 교회가 그 생명력을 유지할 수 있다.

갈수록 더 심각해지는 상대주의적 가치관 사회에서 자라는 우리 자녀 세대들은 매우 심각한 위험에 노출되어 있다. 오로지 젊고 어린 세대들에게 성경의 진리를 올바로 가르치는 방법밖에 없다. 경배와 찬양을 할 때만 눈이 말똥말똥하고 성경공부를 시작하면 이내 졸기 시작하는 젊은 세대들을 더는 버려두면 안 된다. 어릴 때부터 진지하게 절대 진리, 하나님의 진리에 대해 가르쳐야 한다. 하나님 말씀의 역사성과 실존성을 깊이 고민하며 깨우치도록 해야 한다. 우리가 의지하고 매달릴 것은 우리를 자유케 하는 성경의 진리밖에 없는 것이다.

여기에 한 가지 더 살펴봐야 할 것이 포스트모더니즘 사회를 움직이는 엔진과도 같은 **프래그머티즘**이다. 포스트모더니즘이 교회 속에 파고든 구체적인 모습이 프래그머티즘이라고 해도 과언이 아니다. 프래그머티즘은 진리를 부정할 뿐만 아니라 그 뿌리를 다원주의와 세속적 인본주의에 두어 진리란 변하거나 진화하는 것으로 파악한다. 그리고 무엇보다 프래그머티즘에서 진리의 여부를 결정하는 것은 목표달성 여부, 즉 '얼마나 효율적인가'이다. 옳고 그름보다는 어떤 방향을 취하는 것이 더 효과적인지가 명제이다. 즉 결과에 의해 의미와 가치가 결정된다는 개념이다. '이것이 바른 방법인가'보다는 '원하는 결과를 얻었는가'가 더 중요하다. 이는 절대적인 색깔을 포기하더라도 사람들을 교회로 불러 모을 방법이라면 무엇이라도 수용하겠다는 입장이다. 사람들의 눈과 귀를 즐겁게 해주면서 온갖 마케팅적인 수단을 총동원하는 교회, 이것이 바로 프래그머티즘에 영향을 받은 교회의 모습이다.

오늘날 교회 속에 프래그머티즘적인 사고가 만연하다는 것은 결국 구원의 문제가 인간의 손에 달려 있음을 인정하는 것이 되어 기독교 교리의 핵심인 하나님의 주권을 정면으로 부정하는 것이다. 하나님의 주권이 인간의 선택으로 대체되고 있다.

프래그머티즘은 성경의 절대 진리가 필요하지 않기 때문에 성경 전체의 맥락에서 본문의 뜻을 깨닫기보다는 그 말씀이 당장 내게 어떤 효과를 주는지가 중요한 것이므로 원문이나 전체적인 문맥을 무시하고, 그 문장 혹은 단어만 도려내서 사용한다. 원문에서 사용한 의미와는 다르게 거의 모든 음식점에 '네 시작은 미약하였으나 네 나중은 심히 창대하리라'는 현판이 붙어 있는 것은 그나마 귀엽고 애교 있는 사례이다. 점점 사람들을 불러 모으고 감동을 주는데 무엇보다 효과가 큰 간증집회를 선호하게 되고, 성경 본문을 제대로 분석하지 않고, 그것을 자신의 신앙으로 체화시키지 못한 상태에서 다른 목회자들이 써먹은 내용을 짜깁기해서 쉽게 사용하고도 '성도들이 은혜받고 돌아 갔다'고 자랑하는 설교자들이 양산되는 것이다. 교수들이 강의 준비를 하는 것처럼 그런 방법이 더 효과가 있다는 주장이다. 복음에는 능력이 있어 이런 방법을 통해서도 하나님의 복음이 전파되기도 하지만, 그러나 효과를 떠나 이런 목회자와 교회를 하나님께서 어떻게 생각하시겠는가.

이러한 영향으로 예배가 마케팅적 효과의 극대화를 위해 음악과 간증 등을 통한 감정 배출과 체험 중심 이벤트로 변질되어가고 있다. 그러나 정작 하나님의 복음의 핵심이 무엇인지도 모르면서 이상한 체험, 가슴이 뜨거워지는 경험을 했다고 해서 이것이 구원을 보장하는 것이 아님을 알아야 한다. 그런 체험은 자신이 좋아하는 가수의 콘서트 현장에서도 가능한 것이다.

예수님을 통한 하나님의 사랑하심과 구원의 복된 소식은 스스로 죄인 됨에 대한 깊은 각성 없이는 우리에게 '복음'이 될 수 없다. 구원과 관련된 복된 소식은 인간적인 방법이나 효율성이 아니라, 성령 하나님의 절대적인 조명에 달렸다. 우리를 구원하시는 하나님의 방법은 오직 성경과 성령의 능력뿐이다. 이 사실을 깨달을수록 우리는 더욱 하나님 앞에 무릎을 꿇게 된다. 우리가 우리의 구원을 위해 할 수 있는 일은 단 하나도 없기 때문이다. 이 세상의 주인은 하나님이시다.

샤머니즘적 기복주의의 침투

우리 민족 고유의 풍류도나 신바람, 그리고 한(恨)의 문화 속에 맥을 이루고 있는 무속사상은 우리 민족의 사상적 원형이다. 한국 문화와 전통을 이야기할 때 이 무속사상을 빼놓고는 설명하기 어려운 것이 사실이다. 그러나 한국의 기독교가 정립할 내용 중에서 기독교 내에 깊이 침투해 있는 무속사상의 극복은 매우 시급한 일이다. 한국 기독교에만 존재하는 독특한 형태인 새벽기도회, 철야기도회, 산상기도회, 기도원 집회, 각종 은사 집회, 자녀 입시를 위한 특별 기도회, 특별 작정 40일 또는 100일 기도회 등은 한국 전통사상의 영향을 받아 한국적 기독교의 특징으로 자리 잡게 되었다. 이와 같은 열정과 갈급함이 한국 교회의 정신적인 배경이 되어 빠른 성장을 가능하게 한 긍정적인 면도 적지 않다. 이런 한국의 전통 사상이 기독교에 접목되어 사람들을 하나님께로 더 가까이 이끈다면 별 문제될 것이 없어 보인다. 그런데 이런 독특한 형태는 기복신앙으로 귀결되는 경우가 많은 것이 문제다. 전통적인 색깔을 지키는 것도 중요하지만, 한국 사회의 생활양식 속에 깊이 뿌리내리고 있는 유불선(儒佛仙) 사상에 기독교를 흡수하여 변종의 기독교, 아니 더 나아가서 이단의 형태를 띠는 것들을 만들어내는 일은 분명 경계해야 한다.

한국의 기독교는 본래의 정신에서 벗어나 '주는' 종교에서 '받는' 종교로 변해가고 있는 듯하다. 이런 현상은 다른 나라보다 한국에서 더 심하게 일어나고 있다고 해도 과언이 아니다. 이런 습관들이 선교사들을 통해 동남아, 중국 등의 국가로 급속도로 퍼지고 있다. 점점 한국을 포함한 많은 나라에서 기독교는 물질적 축복을 얻기 위한 초자연적인 수단이 되어가고 있다.

역사학자인 매리 코너는 '복'에 집중하는 한국 교회의 물질적 집착을 샤머니즘 종교의 영향으로 파악한다. 그녀는 "기독교를 포함해 한국의 모든 종교는 '현세의 소원'을 비는 기능을 비슷하게 수행한다"고 말했다.

지난 반세기 동안 한국 교회의 큰 흐름을 형성했던 부흥회적 영성은 기복주의라는 비판을 면치 못했다. 그 당시 각종 부흥회 혹은 부흥사경회가 기독교인들의 열심에 불을 붙인 것은 사실이나, 부흥회에서 말하는 복은 대개 물질적이었고, 부흥사들은 복을 얻는 첩경으로 신앙적 헌신과 물질적 헌납을 요청했다. 잘 믿으면 만사형통한다는 것은 거의 많은 부흥회의 공통된 주제였다.

내가 어릴 적에 참석했던 부흥회도 이와 비슷했다. 각종 신비스러운 사례, 즉 공부할 시간도 없이 열심히 교회에 봉사한 고3 학생이 대입시험을 치를 때 시험지에 답이 훤히 보여 서울대에 합격했다는 둥, 한 신학생이 다음날 피아노 시험이 있는데 악보도 볼 줄 모르는 상태에서 밤새 피아노를 부여잡고 기도했더니 새벽에는 저절로 연주가 되더라는 식의 이야기를 전하며 끊임없이 교인들의 아멘을 끌어냈고, 마지막에는 정말 은혜를 받았다면 하나님의 종을 잘 섬기는 것이 가장 중요한 것이므로 담임목사님 차도 바꿔드리고 양복도 새로 해드려야 한다고 몰아갔다. 그리고 순진한 교인들은 그대로 하려고 노력했다. 경제적 사정이 어려워 감히 손을 번쩍 들지 못한 내 어머니 같은 일반 교인들은 내내 미안한 마음에 목회자를 피해 다녀야 했다. 내 개인적인 경험이 일반화될 수는 없으나, 당시 유명한 부흥사들은 한 달에도 이런 메시지를 수십 군데 이상 다니면서 전했고, 지금 대화를 나눠 봐도 과거 비슷한 경험을 한 사람들이 많은 것으로 보아 너무 무리한 비약은 아닐 것이다.

일요일마다 교회 건물을 채우는 많은 기독교인이 베풂과 희생을 위해서가 아니라 축복과 명예를 위해 모이고 있다. 입시나 승진 시즌이 되면 교회 출석률이 높아지는 것은 자식의 명문대 입학과 배우자의 승진을 위해 교회에 모여드는 사람들이 많다는 뜻이다. 이를 목적으로 교회에 나오는 풍토와 더불어 이를 이용하고 조장하여 한 몫 잡으려는 기성 교회의 행태가 문제다.

이들의 마음속에 있는 하나님은 부처의 모습과 무엇이 다를 것인가. 이런 기복적인 행태에 대해서는 교회 내부뿐만 아니라 외부에서도 우려 섞인 목소리를 보내고 있다. 그러나 이런 문제에 대한 외부로부터의 정당한 비판과 요구를 '기독교 탄압'으로 받아들이고 있다. 스스로 자정 능력을 잃고 외부로부터의 비판마저 불온시하는 한국 교회에서 희망을 찾기는 어려워 보인다.

기복주의란 종교의 우선 목적을 개인이나 가정에 복, 주로 건강과 물질과 자녀의 성공을 가져오는데 두는 것을 말한다. 이런 기복주의는 종교행위를 지나치게 현세에서의 출세와 성공, 물질적 축복과 직접 연결함으로써 신앙을 오직 축복의 수단으로 전락시킨다.

기복주의의 문제점은 인간의 구복적 행위가 기본적인 물질적 필요를 뛰어넘어 남의 것을 빼앗아서라도 자신의 욕심을 채우는 이기적인 것으로 발전하는 것이며, 이때 종교의 역할은 그 욕심을 용납하는 것은 물론 정당화시켜주기까지 한다. 그래서 사법고시 시즌에 '우리 교회의 사시 합격률이 다른 교회보다 높아요'와 같은 선전까지 동원한다.

이러한 기복주의가 교회 내에서 일반화되면서 개인의 물질적이고 가시적인 축복을 목표로 하나님을 수단화한다. 즉, 하나님이 성도의 삶과 가치의 중심에 서 계시는 것이 아니라, 개인의 복을 가져다주는 도구로 전락하는 것이 결정적인 문제이다. 기복주의에 머무는 종교는 유아적이고 이기적이며 일차적인 욕망을 종교적으로 표현하는 물신주의적 종교가 되기 쉽다. 아무리 교회에서 포장이 될지라도 그 근본 가치의 바탕에는 세속적인 이기주의와 다를 바 없는 물질적인 가치가 팽배해 있기 때문이다.

세속적인 성공과 부의 크기를 신앙의 크기와 동일시함으로써 경제

활동의 과정이나 부의 축적 수단과 방법의 윤리적인 부분에 대해서는 침묵을 지키는 경우도 적지 않다. 이런 현상에 대해 풀러신학교의 이학준 교수는 다음과 같이 경고한다.

"비윤리적인 방법을 사용하더라도 결과만 좋으면 그것이 하나님의 축복인 것처럼 간주하는 경향을 가져왔습니다. 그 결과, 우리도 모르는 사이에 맘몬주의가 교회 안에 침투하는 길을 열어 준 것입니다."(『한국 교회, 패러다임을 바꿔야 산다』, 이학준, 2011, 새물결플러스, 72쪽)

앞에서 살펴본 바와 같이 한국 개신교 내의 기복주의는 한국의 전통 샤머니즘 요소와 미국 교회에서 들어온 소위 '적극적이고 긍정적인 사고방식', 그리고 교회 성장주의와 번영복음이 짝을 이루어 강단의 주요 주제가 되어 왔고, 이러한 사상은 급격하게 성장한 대형 교회 위주로 그 영향을 넓혀 나갔다.

게다가 기복주의는 전 세계적으로 무섭게 확산 중인 신자유주의적 자본주의에 편승하여 물질숭배(맘몬이즘)의 모습으로 교회 곳곳에 깊숙이 들어와 있다. 심지어 상당수 교회에 현재 많은 영향력을 끼치고 있는 미국 대형 교회의 여러 방법론 역시 이런 자본주의적 경영철학의 영향 하에 있기 때문에, 이에 대한 심도 있는 신학적 점검과 주의를 기울이지 않으면 우리 전통 샤머니즘 사상과 결합하여 새로운 기복 상품으로 진화할 위험성도 매우 크다.

기복신앙이 위험한 것은 결과만 좋으면 '뭐든지 좋은 게 좋은 거다'라는 식으로 좋게만 해석하기 때문이다. 그래서 땅 투기해서 벼락부자가 된 성도를 놓고 '하나님께서 물질의 축복을 준 OOO 집사님을 축복합니다'며 예배시간에 함께 박수를 쳐주는 일이 발생한다. 그러나 교회는 예수님의 십자가에 대해 분명히 말해야 한다. 교회는 '죄의 삯은 사망'이라고 분명히 선포해야 한다. 죽은 다음에는 하나님의 심판을 받게 될 것이며 천국과 지옥이 있음을 분명히 이야기해주어야 한다. 우리가 살 수 있는 유일한 길은 오직 예수 그리스도의 십자가밖에 없음을 명확히 해야 한다. 세상의 재물과 명예에 계속 기대는 것은 죄란 것을 명확히 선언해야 한다. 교회를 찾아오는 사람들이 이런 메시지를 듣기 싫어하더라도 말이다.

자기희생과 사랑의 실천 없이 건강과 물질적 축복만을 바라는 '샤머니즘적 기복주의' 경향과 함께, 제대로 알 필요 없이 믿기만 하면 된다는 '맹목적 반지성주의'도 경계해야 한다. 기독교의 축복은 지금 여기 이 세상 속에서 희생의 십자가를 질 수 있는 축복이다. 새벽기도 같은 열심과 열정은 한국 교회를 성장시키는 데 큰 역할을 했지만, 현세의 요행을 바라는 도교적인 '새벽치성'처럼 변질하지 않아야 한다.

"골방에 들어가서 하나님과 대화하면서 죄를 자복해야 하나님이 사랑하시게 돼요. 그런데 보통은 예수 믿으면서 아이들 학교 잘 들어가고, 장사도 잘 되고, 내가 편안하고, 운전해도 사고 안 나기를 바라죠. 그런 것도 하나님이 주시는 복이긴 하지만 내 마음에서 양심의 자유를 얻는 게 진짜 복입니다."

영등포교회의 원로목사인 방지일 목사가 한 신문사와의 인터뷰에서 한 말이다. 나는 이 말에 전적으로 동감한다. 우리가 하나님의 뜻을 이룬다는 것은 하나님께서 우리에게 주신 은사와 복을 어떻게 다루느냐의 문제다. 하나님께서 우리에게 주신 풍요를 우리는 쌓아 놓으려고만 한다. 이를 어떻게 잘 활용할까 고민하며 제대로 섬김으로써 하나님의 뜻을 이 땅에 심는 것이 진정한 믿음이다. 이런 일을 행함에 있어 하나님께서 주신 자유함을 맘껏 누려야 한다. 내가 물질을 추구할 수도, 근사한 새 교회 건물을 지을 수도, 교회를 세습할 수도 있겠지만, 내가 포기한 자유를 통해 타인들을 하나님께 이끌 수 있다면, 그것이 하나님께서 지금 한국 교회에 바라는 일이라면 마땅히 내려놓을 줄 알아야 한다. 그러나 한국 교회는 이와 반대로 가는 경우가 많다.

성경의 명확한 교훈에도 불구하고 많은 교회와 성도들이 여전히 이런 기복적인 성공신학의 희생물이 되고 있다. 그 결과, 성경을 기초로 하나님의 뜻 가운데 거하기를 원하는 신실한 여러 목회자가 어쩔 수 없이 이 왜곡된 가르침의 부산물을 처리하느라 허덕이게 되는 결과를 초래하였다.

마이클 호튼은 '적어도 나에게 있어서 유혹이라는 것은, 흔히 그리스도를 나의 축복으로 믿기보다는 오히려 축복을 얻으려고 그리스도를 이용하는 것이다'고 하면서 자신도 이런 유혹에 빠질 수 있음을 경계했다.

새들도 먹이시고 들풀도 입히시는 하나님께서 일용할 양식을 통해 우리에게 필요한 것을 채워 주실 것이다. 우리가 구하는데도 채워주시지 않는 이유는 근본적인 유익을 위해 '모든 것이 합력하여 선을 이루실' 하나님의 뜻 때문일 것이다.

하루는 아무리 열심히 직장생활을 해도 경제상황이 별로 나아지지 않아 낙심해 있는 나를 위로하며 아내가 이런 말을 했다.

"세상 근심 걱정 중에 돈 걱정이 가장 쉬운 거래요."

정말 그런 것 같다. 물론 돈이 있으면 그 돈이 없을 때 생기게 될 곤란만큼은 겪지 않을 것이지만, 돈 많이 벌어서 하나님과 사이가 멀어지거나 가정이 깨지는 것보다는, 좀 빠듯하게 살더라도 신앙도 지키고 가정이 화목한 게 훨씬 낫다. 교회도 마찬가지 아니겠는가.

조정민 목사는 트위터를 통해 이런 메시지를 전했다.

"내가 하는 일에 신의 도움이 필요한 일이 너무 많아 종교가 이렇게 많아졌고, 신이 하는 일에 나를 던지는 일이 너무 힘들어서 신앙은 이토록 귀해졌습니다."

정말이지 하나님께서 물질적인 축복을 부어주실수록, 더욱 귀하게 빛나는 신앙은 찾아보기 어려워지는 것 같다. 목숨 건 신앙생활을 하는 회교권이나 중국의 기독교인을 생각해보라. 그들은 예배 장소가 파괴당하는 것은 물론, 날마다 목숨의 위태로움과 신변의 안전에 위협을 느끼면서도 예배를 드린다. 그래서 그들은 하루 양식만으로 일주일을 버티면서도 하나님께 감사하고 그 하나님을 신뢰한다. 이런 신앙생활을 하는 기독교인들에게는 한국, 미국 등지에서 유행하는 번영신학이나 기복신앙이 쉽게 이해되지 않을 것이다.

최근에 청부론(淸副論)을 선전하는 사람들은 이런 기복주의를 추구하는 사람들과의 차별성을 꾀한다. 그들은 교회 일에 충성만 하면 무조건 만사형통한다고 말하지는 않는다. 바른 생활과 바른 신앙을 강조한다. 옳게 믿고 옳게 살아야 한다고 가르친다. 자신의 수입에서 다른 사람의 몫을 반듯하게 떼라고 요구한다. 그래서 그들은 청부론이 기복주의와 다르다고 강조하지만, 결국 그렇게 하면 물질적인 복을 받게 된다고 말한다.

그러나, 그리스도는 산상수훈의 8복(마 5:1~12)을 통해 흔히 생각하는 복의 개념을 완전히 바꾸신다. 이 8복의 원리는 크게 하나님 나라의 원리, 즉 하나님 나라에 속한 백성들이 어떻게 살아야 하는지를 가르쳐주는 삶의 원리이다. 거기에는 '하나님 외에 아무것도 가지지 않고 자랑하지 않는 상태'를 천국, 즉 '하나님 나라의 상태'라고 설명하고, 이를 '참된 복'이라 가르친다. 하나님의 뜻을 잘 구별하여 그 뜻대로 따르는 삶이 참된 복이라는 것이다. 이는 그저 듣고 흘려보내도 될 흔한 옛 가르침 중 하나가 아니라, 지금 각자의 삶의 현장에서 우리가 목숨 걸고 지키고 구현해야 할 가치이다.

참된 복을 누리는 사람들은 저절로 부해지고 강해지고 높아지고 형통하는 것이 아니라, 하나님의 의를 이루기 위해 가난해지고, 낮아지고, 고생의 길을 간다. 예수님의 제자는 물질적인 복이 아니라 영적인 복을 갈망하는 사람들이다. 영적인 복을 추구하는 사람은 하나님의 뜻을 찾고 이웃의 아픔에 동참하며 모든 생명과 하나님의 창조 세계를 온전하게 하려고 노력한다. 그런데 우리 주위에는 8복이 도무지 현실성 없는 신비주의자가 가능하지도 않은 이상을 늘어놓은 것에 지나지 않는다고 무시하는 사람들이 많이 있다. 말로는 8복을 언급하고 가르치지만, 그들의 삶은 이 8복과 거리가 멀다.

성경에서 말하는 복이란 하나님의 뜻을 분별하고 하나님과 연합하여 그분 안에서 자신의 소명을 발견하고 그것을 이루어 가는 것이다. 그것이 참된 행복인 이유는 존재의 근거이신 하나님과 연합함으로 진정한 안식을 누리고, 하나님 안에서 소명을 발견하므로 그 뜻 가운데 충만해지고, 그 소명을 이루어감으로써 자신의 존재가 영원하신 하나님 나라의 사역에 귀히 쓰임을 확인하게 되기 때문이다. 이로 말미암아 얻는 기쁨은 20평대 전세에서 살다가 40평대 아파트를 사서 옮겨가는 기쁨, 어려운 경쟁을 뚫고 승진하는 기쁨, 자녀가 명문대에 진학하는 기쁨과는 비교할 수도 없다.

어떤 고난과 고생, 유혹도 이 기쁨을 아는 사람을 흔들 수 없다. 예수님도 그렇게 사셨고 바울도 그렇게 살았다. 히브리서 11장에서 열거한 허다한 구름 같은 증인들이 그렇게 살다 갔다.

세계에서 모두 인정하는 한국 교회가 추구하는 열심과 열정이, 우리의 등을 따스하게 하고 배부르게 하는 것이 아니라, 이런 믿음의 선배들처럼 살기를 간구하는 것이 되어야 할 것이다. 그것이 하나님께서 한국 교회에 바라시는 것이다. 모든 복의 근원은 하나님이시다.

한국적 세계관과 기독교적 세계관

하나님의 뜻을 구별해 알고 이를 삶 속에서 그대로 구현하며 사는 일은 매우 어렵다. 아무리 잘 훈련 받은 기독교인이라도 예배를 마치고 교회 문을 열고 나서자마자 밀려오는 구체적이고 현실적 문제들에 대해 신앙적 해결책을 바로 찾기는 쉽지 않다. 어떤 전공을 선택해야 하는지, 어떤 직업을 선택해야 하는지, 지금 교제하고 있는 사람이 하나님의 뜻에 합당한 배우자인지, 내가 즐기는 대중음악이나 TV 프로그램들이 하나님 보시기에도 적당한 것인지, 여러 대통령 후보 중에 누구에게 표를 행사해야 할지 등등 일상에서 선택해야 하는 문제들에는 끝이 없다.

특히, 기독교인들은 끊임없이 발생하는 선택의 순간마다 하나님의 뜻인지 고민하게 되는데, 이때 필요한 것이 바로 성경적 세계관이다. 올바른 성경적 세계관, 즉 기독교적 세계관이 있어야 매번 다른 환경과 상황 속에서 가장 하나님의 뜻에 맞게 선택과 결정을 내릴 수 있게 된다.

기독교적 세계관이란 하나님 말씀의 원리에 따라 이 세계와 인생과 문화 전체를 인식하고, 이해하고, 그에 따라 삶의 자세를 확립하는 기독교적 안목이라 할 수 있다. 기독교적 세계관을 올바로 견지한 그리스도인이라면 경건의 시간이나 예배 이외의 모든 일상에서도 의미를 발견하고, 삶의 순간마다 하나님을 찬양하고 영화롭게 해야 한다. 세상 만물은 하나님께서 지으신 것으로, 하나님의 문화명령을 받은 모든 인간은 세상에서 자신에게 주어진 합당한 일을 할 때 하나님의 일을 하는 것으로 인식해야 한다.

IOWIC(It only works in church)라는 말이 있다. 하나님 말씀은 오직 교회 내에서만 해당된다는 생각이다. 그러나 하나님 말씀은 원할 때 필요한 만큼만 사용하는 정액권도 아니고, 필요한 만큼만 덜어 쓰는 조미료도 아니다. 하나님 말씀은 하나님께서 창조하신 모든 영역, 즉 우리가 살아가는 모든 세상, 모든 영역과 관련된다. 하나님께서 주신 보편적 진리의 말씀은 우리에게 허락하신 또 다른 은혜, 즉 자유의지를 통한 선택 과정을 거쳐 삶 속에서 구현되어야 한다. 하나님의 형상 중 하나인 이 자유의지는 하나님과 쉼 없이 교제하고, 그 말씀을 묵상하고 연구하며, 영적으로 늘 깨어 있어 그 마음에 예수 그리스도를 주라 시인하고 모시고 있어야 제대로 사용할 수 있다.

그리스도인들이 삶 속에서 하나님 뜻대로 제대로 살기 위해서, 그리고 하나님께서 선물로 주신 자유의지를 제대로 활용하기 위해선, 교회에서 하나님의 말씀을 그대로 가르쳐야 한다. 인간의 욕심이 개입된 헛된 목표에 사로잡혀 조금이라도 희석해서는 안될 일이다.

'신의 뜻'에 따라 나라를 다스린다던 중세 교회 지도자들은 하나님의 뜻을 자신들의 이해관계와 결부시켰고, 이를 통해 재산과 권력을 불리고 반대파들을 무자비하게 처단했다. 이라크 공격이 신의 뜻이라고 말하는 미국 대통령의 말을 들으며 도무지 공감할 수 없었던 일도 비슷한 맥락이라 생각된다.

종교개혁을 이끈 마르틴 루터가 내세웠던 가장 중요한 명제는 바로 '성경을 하나님의 계시를 말하는 유일한 근거로 사용하라(The Bible as the sole source of revelation)'였다. 그것은 중세 교회가 하나님의 뜻을 마음대로 사용해온 것에 대한 저항이자 경고였다. 이 경고는 지금의 한국 교회에도 그대로 적용된다.

그리스도를 우리의 삶 가운데로 받아들인다는 것은 어떤 일의 끝이 아니라 시작이다. 다음 단계는 각자에게 주어진 사명을 실행하는 것이다. 불행히도 너무나 많은 곳에서 기독교가 일련의 교리에 지적으로 동의하는 수준으로 뒤떨어지고 말았다. 어떤 사람들은 구원의 참된 경험을 맛보았으면서도, 그리스도인으로서의 생활을 일주일에 한 번 예배에 참여하는 것으로 여기는 경우도 있다. 그러나 하나님을 믿는 사람이라면 오직 하나님의 말씀에 근거한 기독교적 세계관을 가지고 살아가야 하고, 이를 통해 이 땅에서 하나님 나라가 확장되며 사람들이 하나님을 보고 느낄 수 있어야 한다. 그러나 현실을 보면 암울하기까지 하다.

전형적인 예로 정치를 들어보자. 우리나라 국회의원 중 3분의 1이 기독교인이다. 가톨릭까지 합치면 절반이 넘을 것이다. 그런데 한국 정치는 전혀 기독교적이지 못하다. 기독교적이기는커녕 정상적이지도 않다. 많은 정치인들이 기독교인인데 왜 한국의 정치가 이 모양일까? 한국의 정치인들이 기독교적인 세계관에 근거해서 정치하는 것이 아니기 때문이다. 비록 그들이 주일이면 열심히 교회에 나가서 예배를 드리고, 새벽기도회도 나가고, 전도도 하지만, 정치를 할 때는 비기독교적일 뿐만 아니라 상식적인 민주주의도 실천하지 못하고 있다. 우리는 그런 사람들을 볼 때 '기독교적인 세계관을 가지고 일관성 있게 하나님 뜻 가운데 기독교적으로 살고 있다'고 말하기 어려울 것이다.

이런 이유로 세계관이라는 것이 필요하고, 특히 기독교적 세계관에 대해 살펴봐야 한다.

인도인 다수는 힌두교적 세계관을, 사우디아라비아인들은 이슬람적 세계관을 가지고 살아간다. 그러면 한국의 기독교인들은 과연 기독교적인 세계관을 가지고 있을까? 아마도 기독교적인 세계관보다는 유교나 불교에 영향을 받은 한국적 세계관을 가지고 있을 경우가 많을 것이다. 한국의 기독교인들이 가치 판단을 내릴 때 기독교적이기보다 한국적으로 판단할 가능성이 높다.

기독교적인 세계관을 강조할 때 탈피해야 할 가장 전형적인 행습은 '이원론적 행습'이다. 이는 영혼과 육신, 교회의 일과 세상의 일, 성경과 세상 학문, 전도와 사회 활동 등 동전의 앞뒷면처럼, 바둑알의 흑백처럼, 두 가지로 명확히 선을 그어 기독교와 직접 관련된 내용은 귀한 것으로, 그렇지 않은 것들은 열등한 것으로 구분하는 것이다. 잘 생각해 보면 우리는 어려서부터 자연스럽게 이런 이원론적인 행습의 영향을 받으며 신앙생활을 해왔다.

이런 이원론적인 행습이 한국 기독교 내에 뿌리 깊게 자리 잡은 이유는 다음과 같이 구분하여 살펴볼 수 있다.

첫째, 불교, 유교, 도교, 토속신앙 등 토착 종교와 동양 종교의 영향이다. 이 땅에 기독교가 전해져서 아주 짧은 시간 안에 그 영향력을 확산시켜가면서 기존의 전통적인 토속신앙과 맞물려 기복적이고 샤머니즘적인 성격이 혼합되었다. 그리하여 대학입시를 앞두고 '00일 특별 기도회' 등이 일반화 되었고, 사법고시 합격률 높은 교회로 소문나는 등, 하나님에 대한 별 신앙이 없어도 자식들을 위해 지극정성인 수험생 부모들의 마음을 사로잡았다.

둘째, 피로 점철된 한국 교회의 역사이다. 조선 후기와 일제 식민지, 그리고 한국전쟁에 이르기까지 다양한 탄압을 받았던 기독교는 '순교' 정신과, 힘든 현실을 벗어난 '유토피아 천국'에 대한 동경이 강했다. 그래서 죽음을 불사하는 신앙이 참된 기독교이며, 이와 연결되지 않는 것은 다소 불경하고 타협적인 것으로 인식되었다. 이후 짧은 시간에 급속한 고도성장을 이루며 오랫동안 갈등과 긴장 상태가 유지되었는데, 이런 오랜 긴장상태를 통해 정통이 아니면 불경한 것이라는 이원론적인 생각이 자리 잡게 되었다.

셋째, 교회의 몰인식과 교육의 부재이다. 현재 목회에서 강조되는 측면이 은연중에 신도들의 마음에 이원론적 사고가 자라게 만들었다. 교회는 마땅히 하나님의 뜻을 제대로 신도들에게 전하고 가르쳤어야 하지만, 현실적인 필요에 따라 방향을 틀었다. 하나님 말씀의 원리에서 그리스도인의 전 인격적인 성장과 하나님의 피조세계에 대해 올바로 인식할 수 있도록 도와야 하지만, 목회자의 목표와 방침 실현이 가장 중요한 것으로 가르쳐졌다. 그래서 교인들의 관심이 온통 00명 전도, 교회 증축이나 이전, 교육관 건립, 버스 구입 등으로 쏠리게 되었다. 또한, 우후죽순처럼 붐이 일었던 선교단체에서도 전도, 양육, 훈련의 측면만을 강조하여 '학교에 보내신 이유는 오직 캠퍼스의 복음화 때문'이라고 가르쳤고, 이 세상의 모든 학문은 하나님이 창조하신 세계를 연구하는 것이므로 각자 자신의 전공분야에 충실하고 최선을 다해야 한다는 점은 간과했다.

결론적으로, 한국에 사는 그리스도인들은 한국적 세계관보다는 기독교적인 세계관을 소유해야 한다. 한국적인 것이 무조건 나쁘다는 것이 아니라 정통적인 기독교의 정신, 즉 창조, 타락, 구속 그리고 재림에 이르는 복음주의적 맥락에서 성경의 원리에 기초한 일관성 있는 기독교적 세계관이 인격과 사상의 바탕을 이루어 생활 전 영역에서 연장된 예배의식 가운데 하나님을 영화롭게 하며 하나님의 피조세계를 바라볼 수 있어야 한다는 것이다.

사회가 다원화되고 복잡할수록, 비교독교적인 가치관과 생활 철학이 활기를 띨수록 그곳에서 하나님의 주되심을 인식하고 그렇게 인정하는 삶을 살기란 쉽지 않다. 그러나 불가능한 것은 아니다!

올바른 기독교적인 세계관을 가지고 하나님께서 지으시고 아름답다 하신 이 세상 속에서 하나님의 뜻 가운데 최선을 다해 사는 것은,

바로 우리를 향한 하나님의 온전하신 뜻이다. 그것이 바로 '하나님을 사랑하는 자 곧 그의 뜻대로 부르심을 입은 자들에게는 모든 것이 합력하여 선을 이루느니라(롬 8:28)'는 말씀을 이루며 사는 것이다. 세상의 주인은 하나님이시다.

땅을 밟는다고 하나님 나라가 되는가

　　몇 해 전 찬양OOO학교 대학생과 직장인으로 구성된 학생들이 학교 수업의 하나로 불교 조계종 사찰인 서울 삼성동 봉은사에서 '땅밟기 기도'를 한 일이 크게 이슈화되었다. 이 행위는 불교는 물론이고 비기독교인 대다수에게 강도 높은 비판을 받았다. 기독교 내부에서도 우려의 목소리가 커서 한국교회언론회는 이 '땅밟기 기도'에 대하여 '정통 기독교 실천 강령'이 아니라 '일부 소영웅주의에서 비롯된 부적절한 행동'으로 논평하며, 사태가 전체 기독교로 확산되는 것을 방지하려 하였다.

　　이 일과 관련하여 기독교계 일부에서는 '절간 아니라 집까지 방문해서라도 기도해야 한다'며 '땅밟기 기도'를 강력하게 옹호하기도 하였으나, 기독교계의 가장 큰 목소리는 타 종교를 헐뜯고 다른 종교의 상징물을 훼손하는 식의 호전적 선교 방식을 재고해야한다는 것이다. 이일은 결국 관련 단체장과 관계자들이 봉은사를 직접 방문하여 무릎을 꿇고 고개 숙여 사과하기에 이르렀다.

이런 땅밟기 기도는 하나님께서 백성들에게 땅을 주시겠다는 약속에서 시작된다. 땅밟기 기도의 선구자는 믿음의 조상 아브라함이다. 아브라함은 하나님의 명령을 받고 약속의 땅을 처음으로 걸었던 사람이다. 그 걸음을 시작으로, 그는 모든 현장에서 새로운 이웃들 앞에서 잇달아 기도하고, 공공연하게 예배했다. 그리고 여호와는 출애굽한 이스라엘 백성들에게 발바닥으로 밟는 모든 땅을 주시리라 약속하였다.

너희의 발바닥으로 밟는 곳은 다 너희의 소유가 되리니 너희의 경계는 곧 광야에서부터 레바논까지와 유브라데 강에서부터 서해까지라 너희의 하나님 여호와께서 너희에게 말씀하신 대로 너희가 밟는 모든 땅 사람들에게 너희를 두려워하고 무서워하게 하시리니 너희를 능히 당할 사람이 없으리라 (신 11:24~25)

가장 유명한 '땅밟기 기도' 장면은 여호수아에게서 볼 수 있다. 그는 출애굽 이후 갈렙과 함께 40일간 가나안 땅에서 정탐기도에 나섰고, 지도자가 된 후에는 그 유명한 '여리고성 전투'를 앞두고도 이 같은 정탐을 보낸 다음 실제 전투에서도 민족 전체와 함께 하루에 한 번씩 땅을 밟아 성을 무너뜨렸다. 우리는 자칫 잘못하면 하나님께서 그 지역 전체 방어세력과 홀로 싸우셨던 이 전투를 오해하기 쉽다. 하나님은 이후 여리고성과 같은 방법으로 다른 도시를 공격한 적이 한 번도 없음에 집중해야 한다. 성경에 나타난 이런 땅밟기 기도를 통해 우리도 비전을 품고 우리에게 허락된 사람들과 교제하고, 예배를 드리고 섬길 준비를 하며, 그 지역을 위해 자비를 베풀어달라고 기도해야 함을 배울 수 있다.

밤에 몰래 가서 기어코 단군상을 도끼로 찍어내거나, 불교의 지역 연등행사에 사용할 등을 훼손하는 등의 행동을 보면 마음이 무겁다. 어떤 사람들은, 극단적인 행동도 불사하는 그들에게는 우리에게 없는 하나님을 향한 순수한 열정과 믿음이 있다고 주장하기도 한다. 그러나 그런 동상이나 연등 자체는 정말 아무것도 아닌데, 이런 자극적인 행위를 통해 얻고자 하는 것이 무엇인지 모르겠다. 심지어 기독교인들이 아니라 기독교를 욕먹게 하려고 누군가 일부러 한 짓이 아닐까 하는 생각이 들 정도로 어이없는 행동들이다.

자신들이 땅을 밟으면 복음화될 것이라는 미신은 도대체 어디서 나오는 것일까. 그들이 처한 곳에서 하나님의 뜻대로 살고, 우리와 관계 맺는 모든 사람들로 하여금 우리 가운데 하나님이 계심을 느끼게 하고, 하나님께로 나아가도록 하면서 그 영역을 확장해야지 이런 극단적인 행동으로 도대체 무엇을 얻을 수 있다는 것인지 모르겠다.

외국에 파송된 일부 한국 선교사들의 이런 땅밟기 행태도 많은 문제를 야기하고 있다고 한다. 얼마 전엔 한국 기독교인이 티베트 성지에 성경 말뚝을 박았다고 해서 논란이 확산된 적이 있다. '뜻이 하늘에서 이룬 것 같이 땅에서도 이루어지이다'라는 성경 구절이 적혀 있었다는 구체적인 내용과 사진까지 공개된 것으로 보아 실제 그런 일이 있었던 듯하다. 그리고 어김없이 이 기사 밑에는 기다렸다는 듯이 기독교를 비판하는 엄청난 댓글이 달리기 시작했다.

나는 처음 이 기사를 접했을 때, '설마 그런 일이'라고 생각했다. 만일 그렇다면 이런 일을 벌인 사람들은 하나님을 제대로 믿는 사람들이 아닐 것이라는 생각이 들었다. 티베트 현지 가이드를 시켜 말뚝을 박게 하면서 '얼른 박아 이 XX야'라고 욕설까지 했다는 증언을 보면서 그들은 절대 하나님을 모르는 사람들일 것으로 생각했다. 이는 일제 강점기에 일본이 우리나라의 정기를 끊으려고 곳곳에 쇠말뚝을 박았다는 것과 무엇이 다른가. 만일 언더우드를 비롯한 많은 선교사들이 한국에 처음 복음을 전할 때 이런 행태를 보였다면, 이 나라에 지금처럼 복음의 열매들이 맺혀 한국이 세계 복음화를 주도하고 있는 이런 상황을 맞이하기 어려웠을 것이다.

이런 행위들은 율법주의적 행위가 그렇듯, 일종의 자기만족을 위한 배타적 카타르시스로 생각된다. 문제는 꼭 피해를 보는 쪽이 있다는 것이다. 결국 선하게 하나님의 뜻을 실천하며 살아가는 일반 기독교인 전체가 욕을 먹게 한다. 그리고 이런 행위를 통해 결국 가장 큰 모욕을 당하시는 분은 하나님이다.

구약의 땅밟기 자체를 부정하는 것은 아니다. 바울도 필요에 따라 디모데 같은 제자에게 할례를 받게 했으니까. 하나님 나라의 부흥을 기원하거나, 새로운 교회나 기독교 기관의 건축, 개척 등의 행사를 앞두고 '땅밟기 기도' 의식을 행하는 곳도 많이 있다. 그리고 그 의도는 대부분 순수하다. 그 정신은 '그들에게서' 취해 세상을 무력화시키려는 의도가 아니라, '그들을 위해' 기도하려는 마음에 있기 때문이다.

성경에는 이런 땅밟기보다 더 급진적인 제자도가 있다. 자기를 부인하고 날마다 십자가를 지고 주님을 좇아 하루하루 살아가는 사람들이다. 진짜 이렇게 사는 사람은 뉴스의 사회면에 안 나온다.

욕먹는 것이 두려워서가 아니다. 창피해서는 더더욱 아니다. 그런 불상이나 절간, 동상은 하나님 믿음 앞에서 아무 의미가 없다. 그럼에도 불구하고, 이런 극단적인 일들을 통해 기독교에 대해 오해하게끔 하지 말고, 우리의 일상 속에 더 깊이 침투해 있는 권력이나 돈에 대해 경고하는 것이 더 나을 것이다. 손봉호 교수는 본인의 저서에서 다음과 같이 주장한다.

거짓말하지 말고 세상의 무슨 권력이나 돈 같은 것을 절대시 하지 않는 그런 문화를 만드는데 힘써야 한다고 봅니다. 그런 것이 진정 우상과 더불어 싸우는 것이지, 그 눈에 보이는 단군상 철폐하는 것이 우상 숭배 배척 운동이라고 하는 것은 너무 단순합니다. (『생각을 담아 세상을 보라』, 손봉호, 2008, 노잉힘, 235쪽)

이 땅이 하나님의 나라이고 하나님의 땅이라고 선포를 하는 사람들은, 하나님의 은혜와 진리가 선포되어져야 한다고 주장하는 사람들은, 그 하나님의 은혜와 진리가 무엇인지 먼저 바로 알아야 한다.

지금 현대인이 죽고 못 사는 돈, 명예, 권력 등이 우리에게는 더 위험한 우상이다. 우리의 왕은 오로지 하나님 한 분이시다.

'옳은 것'과 '좋은 것'의 차이

유명한 카피라이터이자 <막 쪄낸 찐빵> 시리즈로 유명한 이만재 씨가 수백 명의 젊은이를 대상으로 설문조사를 하여, 그것을 토대로 『교회 가기 싫은 77가지 이유』라는 제목의 책을 펴내 화제가 된 적이 있다. 그 내용을 보면 이미 우리가 익히 알고 있는 내용이 대부분인데, 그중 한 가지 눈에 띄는 것이 있다.

교회 가기 싫은 이유 중에 어떤 사람들은 '기독교는 너무 배타적이다'라고 주장한다는 것이다. 타 종교, 타 종파를 존중할 줄 알아야 내 종교, 내 종파도 존중을 받는 것인데, 자신들의 종교만 유일하다는 기독교 특유의 종교 이기주의를 이해할 수도, 받아들일 수도 없다는 것이다. '이웃을 사랑하라'고 한다면 그 대상에는 '다른 종교도 포함되어야 하지 않는가'라는 주장이며, 이런 이유로 교회로는 발걸음을 하기 싫다는 것이다.

그러나 우리는 '사랑하고 존경하는 것'과 '진리를 주장하는 것'을 분명히 구별해야 한다. 이 두 가지를 혼동하면 안 된다. 물론 우리는 인간적으로 타 종교 지도자도 존중하고 그들의 경건한 삶도 인정한다. 또한, 그들을 사랑한다. 그들도 하나님의 피조물이다. 각 종교대로 오랜 수양과 학문 정진을 통한 나름의 진리를 가지고 있음도 알고 있다. 그러나 아무리 돌려 말하려고 노력해도 하나님께서 우리에게 주신 구원의 길은 하나밖에 없다. 옥한흠 목사는 이런 상황을 재미있는 비유를 들어 설명한다.

그들 중에 서로 존경하고 사랑한다는 명분으로 '당신 아내가 내 아내이고, 내 아내가 당신 아내이니, 기분 좋은 대로 삽시다'고 말하는 사람은 아무도 없습니다. 그렇게 중요한 것을 '존경한다, 사랑한다, 관용한다'라는 말 때문에 뒤죽박죽으로 만드는 바보 같은 짓은 아무도 하지 않습니다. 진리는 하나밖에 없습니다. 예수님께서 자신만이 구원의 길이라고 말씀하시는 이유가 바로 여기에 있습니다. (『요한이 전한 복음Ⅱ』, 옥한흠, 2002, 국제제자훈련원, 172쪽)

옮긴 지 얼마 되지 않은 회사에서 한 직원과 함께 점심을 먹는 중이었다. 내가 기독교인이란 것을 알고 있던 그는 한 가지 물어볼 것이 있다며 질문을 던졌다. 자신도 큰 교회에 출석하고 있고, 교회에 다닌 지도 꽤 오래되었지만, 오직 예수님을 통해서만이, 오직 기독교만이 구원을 얻을 수 있다는 사실에 대해서 동의할 수 없다는 것이었다. 이런 편

협하고 배타적인 생각 때문에 기독교가 욕을 먹는다는 주장이었다. 이런 내용을 포기하면 교회에는 더욱 많은 사람들로 붐빌 것이라며.

나는 그가 '아무리 큰 교회에 나가고, 오랜 시간 동안 교회에 다녔고, 지금도 주일마다 교회에 꼬박꼬박 출석한다고 하더라도, 그가 믿는 것은 참된 믿음이 아니고, 그런 상태라면 그에게 구원은 없다'는 생각에 마음이 아팠다. 하나님께서 그에게 믿음을 주시고 깨달음을 주시기를 바랄 뿐이었다.

그런데 그날 저녁에 다른 모임에서 또 이런 내용을 주장하는 사람을 만났다. 이날 왜 기독교의 가장 기본적인 진리가 이렇게 심각하게 왜곡되어 있는지 한탄하며 얼마나 마음이 무겁고 아팠는지 모르겠다. 실제 통계적으로도 자신이 기독교인이라고 하면서도, 이런 왜곡된 신앙을 가지고 있는 사람들이 적지 않은 것 같다.

"꼭 교회에 다녀야만 구원받을 수 있나요? 구원받기 위해 교회에 나가는 것은 너무 천박하지 않습니까? 하나님 믿는 사람만 구원받는다는 것은 교만 아닌가요?"

이런 질문을 던져오는 도전들이 교회 안에도 적지 않다는 사실은 충격이 아닐 수 없다. 그러나 11세기에 안셈이라는 사람은 '만일 스스로 최선을 다해 노력했다면 하나님께서도 그들의 부족한 점들을 눈감아 주실 것'이라고 생각하는 사람들을 다음과 같은 말로 경계했다.

"여러분은 자신의 죄가 얼마나 큰지 아직도 제대로 알지 못하는 상태입니다."

아직도 자신의 노력으로 구원을 획득할 수 있다고 생각하는 사람들이 많다는 것은, 교회에서 제대로 가르치지 못했기 때문이라고 볼 수 있다. 우리는 하나님께서 값없이 거저 주시는 은혜로 말미암아 의롭다는 인정을 받는 것이지, 순종을 통해서가 아니라는 것, 그래서 우리가 순종을 믿음의 한 측면으로 삼을 경우, 우리는 믿음과 행위, 칭의와 성화의 구분을 흐리게 만드는 것이 된다. 그러므로 기독교의 핵심 교리인 칭의는 모든 교회에서 쉬지 않고 선포되어야 하고, 믿지 않는 자들에게도 핵심 진리로서 계속해서 전해져야 한다. 그러나, 현실적으로 칭의에 대한 진리가 선포되는 빈도수가 줄어들고 있다. 자신들이 죽어 가는지도 모르고 스스로 구원을 획득할 수 있다고 생각하는 사람들이 늘어나고 있다.

몇 해 전, 성탄절에 불교 방송에서 아나운서 스님이 "세계의 성인 중 한 분인 예수가 탄생한 것을 축하합니다."라고 방송을 하였다. 그런데 그 말에 감동한 어떤 가톨릭 신부가 요란스럽게 감사의 답례를 했다. 이 일을 두고 공중파의 한 뉴스 앵커는 "드디어 모든 종교의 벽이 무너지고 하나가 되는 아름다운 모습이 시작되고 있습니다"며 흥분에 차 소개하였다. 실제 성탄절에 스님들이 성당에 와서 함께 예배를 드리고, 절에도 '성탄을 축하한다'는 메시지를 여기저기 걸어 놓는다. 또 답례로 신부, 수녀들이 법당에 가서 함께 불공을 드리는데 참여하기도 한다.

지난 석가탄신일에는 모 교회 안수집사인 내 친구 한 명이 자신의 페이스북과 트위터에 '왜 기독교는 불교를 인정하지 않는가'라는 글을 올렸다. 그리고 그 밑에는 자신도 기독교인이라고 밝힌 많은 사람들이 공감을 표시했다. 심지어는 '기독교나 불교나 결국은 같은 것'이라며 타 종교도 인정할 줄 아는 참된 관용이 필요하다고 역설하기도 했다. 정말 가슴 아픈 일이지만, 그들의 마음속에는 예수님이 석가모니 정도의 세계 성인 중 한 분으로 남아 있는 것 같았다.

그러나 절대로 이런 상황에 속아서는 안 된다. 이 세상의 여러 종교 창시자들을 보아도 예수님 같은 분은 없다. 우리의 죄를 대신 짊어지고 십자가에 죽은 분이 예수님 외에 또 누가 있단 말인가? 죄와 사망의 권세를 이기고 부활하셔서 우리를 하나님 앞으로 당당하게 인도할 권한을 가진 구원자가 예수님 말고 또 누가 있단 말인가?

이런 생각과 주장에 흔들리면 안 된다. 이것은 양보와 타협의 영역이 아니다. 우리에게 구원을 주시는 분은 오직 예수님밖에 없다. 이것은 절대로 독선이 아니다. 올바른 진리를 말하는 것이다. 우리가 믿고 말하는 것이 바른 진리라면 설혹 그것 때문에 사람들로부터 따돌림을 당하거나 미움을 받는다고 해도, 심지어 순교까지 당하게 된다 해도, 이 주장을 굽히면 안 된다.

복음주의자들은 몰몬교와 여호와의 증인, 통일교를 믿는 사람들을 기독교인이라 간주하지 않는다. 과연 이것이 관용의 결핍에서 나오는 것일까? 우리의 도량이 넓지 못해서 그런 것일까? 절대로 그렇지 않다. 그들도 우리의 이웃이며, 우리 역시 그들과 교제를 나눌 수 있다면 기쁠 것이다. 그러나 그들이 기독교의 신앙 고백을 거부하기 때문에, 우리는 그들과 교제하기를 꺼리는 것이다. 삶 속에서 우리는 그들과 친목을 도모할 수는 있지만, 신앙적인 연대감을 가질 수는 없다.

하나님을 믿는 자들이나 그렇지 않은 자들이나 모두 하나님의 형상을 공유하고 있다는 점에서는 모든 자가 동등하다. 그러나 이는 구속의 결과가 아니라 창조의 결과다. 모든 인류가 하나님의 형상대로 지음 받은 결과, 비록 타 종교를 믿는다고 하더라도 비슷한 도덕적, 종교적 특질을 공유하는 것을 쉽게 볼 수 있다. 창조교리는 우리가 먹고, 마시며, 보고, 놀고, 일하고, 창작하고, 토론하는 영역에서는 같은 성품을 공유했음을 알려 준다. 그러나 구속의 영역, 즉 중생, 칭의, 성화, 그리스도의 연합과 관련해서는 분명 타 종교와는 다르다. 이는 우리의 노력의 결과가 아니라 하나님께서 은혜로 우리에게 주신 결과이고, 우리가 획득한 것은 전혀 아니므로 우리의 노고를 자랑할 것이 아니라, 우리를 사랑하신 예수님을 자랑해야 한다.

앞에서도 언급했지만, 우리 주위에는 '예수님만이 유일한 구원자다'라는 말만 들으면 비위가 상하는 사람들이 많다. 물론 관용이 필요하지만 진리란 그런 것이 아니다. 만일 내 손에 쥐고 있는 보석만이 진짜이고 다른 사람의 것은 모두 가짜일 때, 다른 사람들이 싫어한다고 해서 '내 것이 진짜다'라고 말하지 못할 이유는 전혀 없다. 진짜를 진짜라고 아무리 주장해도 지나친 것이 아니다. '우리가 믿는 예수 그리스도만이 구원자다'라고 주장한다고 해서 속이 좁은 것도, 배타적인 것도 아니다. 우리는 다만 바른 것, 진리를 말하고 있을 뿐이다. 오히려 지금 교회를 다니지 않는 사람에게도 '하나님의 창조와 인간의 타락, 그리고 예수 그리스도를 통한 구속과 구원'을 믿으면 영원한 생명이 있다는 의미에서 기독교는 배타적이 아니라 오히려 포괄적이다. 이런 의미에서 레슬리 뉴비긴의 입장을 참조하는 것이 도움될 것이다.

예수 그리스도 안에 있는 계시가 유일한 진리임을 긍정한다는 의미에서는 배타주의적이다. 그러나 비그리스도인들의 구원의 가능성을 부인하는 의미에서는 배타주의가 아니다. 그것은 하나님의 구원의 은혜를 교회에 속한 구성원에 한정하기를 거부한다는 의미에서 포괄주의다. 하지만 기독교 외의 다른 종교가 구원의 전달 수단이 될 수 있다고 간주하는 포괄주의는 배격한다. (『다원주의사회에서의 복음』, 1998, IVP, 295쪽)

요즘은 빅뱅이론을 믿으며 이를 통해 생명체가 생겨났다고 주장하면서 이를 증명해 보이겠다고 하는 어리석은 과학자들이 많다. 그러나, 어느 날 고물상에 폭발이 일어나 공중에서 각종 기계 부속품이 결합하여 저절로 우주 비행선이 만들어졌다는 이야기보다 더 황당한 이 이론을 믿을수록, 자신들의 생각이 옳다고 증명해 보일수록, 그들은 더욱 모순에 빠지게 될 것이다. 하나님의 진리를 무시하고, 하나님의 형상대로 지음 받았으면서도 오히려 하나님의 생각과 반대 방향으로 달음질치는 이 인류를 어찌해야 할 것인가. 하나님의 마음은 얼마나 아프실 것인가.

우리는 하나님의 계명대로 사랑과 덕을 세우는 일을 소홀히 한 결과 진리까지 오해받게 한 책임을 느껴야 할 것이다. 아무리 세상이 우리를 욕해도, 아무리 우리에게 손가락질해도, 유일한 진리를 세상에 전하는 일은 절대 포기할 수도, 게을리 할 수도 없는 일이다. 예수님의 재림이 가까워올수록 우리의 마음은 더욱 바빠진다. 세상의 주인은 하나님이시다.

차이를 차별과 분열로 고착시키는 교회

한 비행기에서 있었던 일이다. 어떤 50대 여성이 자신의 자리에 도착하더니 옆자리에 흑인 남자가 앉아 있는 것을 보고 매우 화난 표정으로 승무원을 불렀다. 승무원이 와서 "뭐가 문제지요?"라고 묻자 여자는 "보면 몰라요? 내 자리가 저 흑인 남자 옆자리잖아요. 난 저 남자 옆에 못 앉아요. 다른 자리로 바꿔주세요."라고 하였다. 승무원은 "진정하세요. 지금 자리가 다 차서 바꿔드릴 수 있는 자리가 없어 보입니다. 하지만 그래도 한 번 확인해 보겠습니다."라고 하였다.

몇 분 후 승무원이 돌아오더니 "손님, 확인해 보았지만 지금 이코노미석에는 빈자리가 없습니다. 지금은 일등석밖에 빈자리가 없습니다."라고 하였다. 승무원은 그 여자가 뭐라고 하기 전에 말을 이었다. "저희 항공사는 보통 승객을 이코노미석에서 일등석으로 옮겨드리는걸 잘

하지 않습니다. 하지만 지금 같은 상황에서는 저희 항공사의 소중한 손님이 어떤 불쾌한 사람 옆에 앉도록 할 수는 없습니다."

그 승무원은 흑인 남자에게 "그러므로 손님, 짐을 챙기셔서 일등석으로 자리를 옮겨주십시오."라고 하였다. 그 여자의 못된 인종차별적 행동을 못 믿겠다는 듯이 쳐다보고 있던 다른 승객들이 박수를 치기 시작하고, 심지어는 기립박수를 치는 사람도 있었다.

TAM Airline이라는 포르투갈 항공사에서 실제 있었던 일이다. 신문에서 이 기사를 읽을 때 나는 교회가 떠올랐다. 요즘도 이런 인종차별이 벌어지는 것이 믿기지 않았지만, 불과 몇 십 년 전에는 심지어 교회에서도 비일비재한 일이었다. 미국, 특히 남부 교회에서는 흑인(사실 더 경멸적인 단어를 사용함)이 인간 이하이고, 교육이 불가능하며, 하나님의 저주로 종이 되었다는 말이 설교 시간에 공공연히 선포되었다. 그들은 보안관이 마틴 루터 킹 주니어(Martin Luther King Jr.)를 몽둥이로 때리거나 감옥에 집어넣을 때마다 환호를 지르는 백인 교인들이 대부분이었다. 주일이면 말쑥한 옷차림에 성경책을 옆에 끼고 교회에 예배를 드리러 나오던 그들은 은혜를 말하면서 율법으로 살았고, 사랑을 말하면서 차별과 경멸 속에 머물러 있었다. 이런 교회는 기독교가 그리스도께 나아가는 길을 가로막고, 신앙의 성장을 가로막았다.

정말 그런 일이 있었을까 하고 믿어지지 않지만 1960년대까지도 미국에선 흔한 일이었다. 백인 따로, 흑인 따로 모이는 교회들이 적지 않았다. 그래서 마틴 루터 킹 주니어는 모든 교회가 예배를 드리는 일요일 오전 11시야말로 미국에서 인종차별이 가장 심한 시간이라 말하곤 했다. 이런 인종차별을 일삼는 교회는 하나님의 교회가 아니다.

한국도 이런 차별에서는 자유롭지 못하다. 조선시대 신분제도의 영향으로 조선 후기 기독교 예배에는 주로 양반들이 참석했다. 백정 등 천민들도 예배에 참석하겠다고 찾아오면 양반들이 함께 예배드리지 못하겠다고 항의했다. 또한, 베이비부머 세대인 지금 50대가 어릴 때만 해도, 지방의 일부 교회에서는 남자와 여자가 따로 예배를 드리는 곳이 있었다. 남매가 함께 교회에 가도 서로 다른 곳으로 들어가서 예배를 드리고, 끝나고 나서 마당에서 만난 후 함께 돌아오는 시스템이었다. 아예 예배당을 기역으로 만들어 가운데서 설교자가 설교하고 한쪽은 남자, 한쪽은 여자들만 앉아서 가운데 설교자를 바라보며 예배를 드리는 곳이 있었고, 가운데 커튼을 쳐놓고 남녀를 구분하기도 했다.

전 세계에 퍼져 있는 화교가 유일하게 뿌리를 내리지 못하는 나라가 한국이란 말이 있다. 화교들은 한국에서 부동산 취득도 금지되어 있다가 1980년대에 들어서야 가능해질 정도였다. 우리나라도 알게 모르게 이런 차별이 아주 오랜 시간 동안 존재해 온 것이다.

세계 역사상 남자와 여자, 자유인과 종, 유대인과 이방인이 대등한 자격으로 모인 최초의 단체가 교회이다. 초기 기독교인들은 각종 벽을 허물었다. 대부분의 타 종교와 달리 기독교인들은 남자와 여자를 똑같이 환영했다. 유럽 사람들이 웬만한 사회 집단에서 노예를 제외시킬 때에도, 기독교인들은 노예를 받아들였다. 유대교 성전은 인종과 성별로 예배자를 차별했지만, 기독교인들은 주님의 식탁에 다 함께 둘러앉았다. 남성 위주의 로마 귀족정치와는 대조적으로 교회는 여성들과 가난한 사람들에게 지도자를 맡기기도 했다.

불과 두세 살만 차이가 나도 세대차이가 나서 말이 안 통한다는 요즘, 여러 세대가 함께 모이는 유일한 곳은 교회뿐이다. 그리스도의 몸 된 교회는 인종과 국적과 성별의 장벽을 허물고, 세상 어디에도 존재하지 않는 공동체를 가능하게 한다. 로마 제국에 흩어져 있던 다양한 회중에게 바울이 보낸 각 편지의 첫 문단을 읽어 보면 그들은 모두 '그리스도 안에' 있음을 강조했는데, 그 사실은 인종이나 경제적 지위 등 인간이 만들어 낼 수 있는 어떤 구분보다 중요하다.

기독교 공동체인 교회의 기초는 화목하게 하시는 하나님의 사랑이며, 그것은 국적, 인종, 계급, 나이, 성별, 빈부격차의 모든 차이를 뛰어넘는다. 그러나, 각종 차별을 타파해야 할 교회에서 피부색이 다르다는 이유로, 조금 더 부유하지 않다는 이유로, 조금 더 가난한 나라에서 왔다는 이유로 다른 신자들보다 덜 중요한 교인 대접을 받는 일이 일어나고 있다. 그러나, 부유한 전문직 종사자나 가난하고 못 배운 노숙인 모두에게 일어나는 복음의 능력은 그러한 차별과 상관없이 매우 놀라운 영향을 끼친다.

빈부격차나 인종, 남녀에 대한 차별은 매우 오랜 시간 동안 존재해 왔고, 눈에 확연히 그 차이가 드러나는 것이다. 그러나 요즘은 같은 복음을 소유한 자들끼리도 서로 조금 생각이 다르고 스타일이 달라도 함께 지내기를 거북스러워한다. 결코 양보해서는 안 되는 분명히 계시된 진리에 대해서는 양보하면서도, 하나님께서 계시하지도, 요구하지도 않으신 부차적인 것들이나 사소한 것들에 대해서는 절대 주장을 굽히지 않고, 양보하려 하지도 않는다. 정말 중요한 것보다도 작고 사소한 것들에 트집을 잡으면서, 자신과 견해를 같이 하는 그룹끼리 모였다 흩어지기를 반복한다. 그 결과, 교회는 분열되고, 사회 분열도 가속화하고 있다.

세계에서 가장 빨리 성장했다는 한국 개신교회는 부끄럽게도 교회 분열을 통해 기하급수적으로 성장해온 면이 있다. 마땅히 하나가 되어야 할 그리스도의 몸이 사소한 차이와 복잡한 이해관계로 여러 갈래로 찢기고 만신창이가 된 지경에 이르렀다. 얼핏 들으면 웃을 일이지만 예수파와 그리스도파가 분리되어 싸우는 형국이다. 예수교 장로회와 기독교 장로회의 싸움, 예수교 장로회의 합동과 통합의 반목, 예수교 성결교단과 기독교 성결교단의 대립이 그러하다.

일례로 한국에는 96개의 개신교 교단이 있는데 그중에 59개의 교단이 장로교단이라고 한다(『한국 교회, 패러다임을 바꿔야 산다』, 이학준, 2011, 새물결플러스, 82쪽 참조). 한국 교회가 그동안 얼마나 심각한 분열을 반복해 왔는지를 단적으로 보여주는 사례이다. 이런 교파주의는 그리스도의 몸에 무수한 창칼을 들이대는 것과 다름없다. 자신들의 이해관계를 위해 그리스도의 몸 된 교회를 이토록 분열시키는 동안, 우리 하나님은 얼마나 아프셨을까. 그리스도께서 오늘 한국에 오신다면 과연 교회에 들어오시기는 하실 것인가? 오신다면 장로교, 감리교, 침례교, 성결교, 순복음교 중 어느 곳에 가실까? 거대한 부자 교회에 가실까? 교인수가 가장 많은 곳에 가실까? 그러한 교회에서 너무도 생소한 모습을 보고 '머리 둘 곳이 없구나'하고 한탄하지는 않으실는지.

오순절날 성령을 받은 제자들은 장로교인, 감리교인, 성결교인, 침례교인, 순복음교인, 이런 식으로 나누지는 않았을 것이다. 주님께서 다시 오실 때 우리를 교단별로, 교회별로 구분해서 앉게 하시지도 않으실 것이다. 머리에 물을 끼얹으며 세례를 받은 사람과, 머리까지 모두 물에 들어가서 침례를 받은 사람도 구분하지 않으실 것이다.

분열이나 분쟁은 하나님 나라를 방해하기 위해 사탄이 항상 잘 이용하는 전략이다. 아무리 하나님의 일을 한다고 할지라도, 서로 지나치게 경쟁하고 질투하고 비판하는 일이 벌어지면 그것은 분명 하나님의 뜻에서 벗어나는 일이다. 교단이나 종파의 수만큼 인간의 교만함과 사랑 없음이 드러난다 해도 과언이 아니다. 물론 하나님께서 원하시는 것이 획일적인 하나의 교회조직은 아닐 것이다. 온 세계 교회를 한 조직 아래에서 움직이는 그런 단체로 만들어야 한다는 뜻이 아니다. 하나 됨이란 이런 물리적인 것이 아니라, 그리스도의 진리와 사랑으로 하나 됨을 말한다.

진리로 하나가 되는 것에 대해 성경은 이렇게 가르친다.

우리가 다 하나님의 아들을 믿는 것과 아는 일에 하나가 되어 온전한 사람을 이루어 그리스도의 장성한 분량이 충만한 데까지 이르리니 (엡 4:13)

하나님의 아들을 믿는 것과 아는 일, 곧 지식과 믿음에 있어서 하나 되는 것이 바로 진리로 하나 되는 것이다. 우리가 교회 안에서 하나 되기 위해서는 똑같은 그리스도를 믿어야 한다. 그리고 공통으로 하나님의 말씀을 아는 지식이 있어야 한다. 그럴 때 우리는 하나가 되는 공통분모를 가지게 된다.

이뿐만 아니라 교회는 사랑으로 하나가 되어야 한다. 이것이 가장 기본인데 가장 잘 망각하고 있다. 사랑이 우리를 묶는 끈이다.

그에게서 온몸이 각 마디를 통하여 도움을 받음으로 연결되고 결합되어 각 지체의 분량대로 역사하여 그 몸을 자라게 하며 사랑 안에서 스스로 세우느니라 (엡 4:16)

우리는 모두 한 몸을 이루고 있는 지체들이다. 몸을 하나로 세우기 위해서는 각 지체가 사랑 안에서 서로 세워 주어야 한다. 사랑의 띠로 서로 하나가 된다는 의미가 바로 이것이다. 그럴 때 주님의 몸 된 교회는 하나가 될 수 있다. 17세기의 루퍼트 멜데니우스와 최근 존 스토트 목사는 '본질적인 것에는 일치를, 비본질적인 것에는 자유를, 그리고 모든 것에는 사랑을 보존하는 법을 배워야 한다'고 강조했는데, 이는 지금 우리에게 매우 중요한 메시지이다.

우리를 위해 친히 피 흘려 돌아가신 그리스도는 지금도 우리가 진리와 사랑으로 하나 되기를 원하시며 기도하고 계신다. 그런데 우리는 나와 조금 다른 사람들을 차별하고 배제하며 우리의 영역 밖으로 밀어

내고 있다. 우리의 죄와 욕심 때문이다. 자신들을 교회의 주인으로 생각하기 때문이다. 교회는 어느 누구의 것도 아니다. 교회의 주인은 하나님이시다.

3부

한국 기독교와 교회에
메스를 대라

너희 안에 이 마음을 품으라 곧 그리스도 예수의 마음이니 그는 근본 하나님의 본체시나
하나님과 동등됨을 취할 것으로 여기지 아니하시고 오히려 자기를 비워 종의 형체를 가지
사 사람들과 같이 되셨고 사람의 모양으로 나타나사 자기를 낮추시고 죽기까지 복종하셨
으니 곧 십자가에 죽으심이라 (빌립보서 2:5~8)

한국에서 가장 인기 없는 종교, 기독교

기독교윤리실천운동(이하 기윤실)이 2010년 11월, 만 19세 이상 성인남녀 천 명을 대상으로 '한국 교회의 사회적 신뢰도 여론조사'를 실시했는데, 결과가 매우 충격적이었다. 개신교를 '신뢰한다'는 응답은 18%에 그치고, '보통'이라는 응답은 34%, '신뢰하지 않는다'는 응답은 무려 48%나 나온 것이다. '신뢰하지 않는다'는 응답은 지속적으로 증가하고 있고, '신뢰한다'는 응답은 갈수록 낮아지고 있다.

'가장 신뢰하는 종교기관'에 대한 응답으로, 가톨릭교회(41.4%), 불교사찰(33.5%), 개신교회(20.0%)의 순이었다. '호감을 느끼는 종교'에는 천주교(35.5%), 불교(32.5%), 개신교(22.4%) 순이었다. (조선일보 2010. 12. 17 일자 기사 참조)

특히 '종교가 없다'고 응답한 사람들이 가톨릭, 불교보다 개신교를 신뢰하지 않는 것으로 나타나는데, 이는 교회 성장에 중요한 제약 요인으로 작용하고 있다.

성직자의 성 추문, 동성애와 같은 윤리성 문제, 사제수의 절대 부족 등 개신교보다 더하면 더했지 덜하지 않은 여러 가지 문제로 가톨릭 내부에서도 위기라는 자성의 목소리가 들리고 있음에도, 특히 한국에서는 개신교보다 가톨릭이 더 깨끗하다고 생각하는 사람들이 많다. 그만큼 교회의 역할이 부진했고, 사람들을 실망시켰기 때문이다.

특히 한국에서 사람들이 가톨릭을 선호하는 이유는 그동안 정권에 대항하여 할 말을 하고 마는 정의로운 이미지를 심어준 영향이 크다. '정의구현사제단'으로 대표되는 가톨릭의 정치, 사회 참여는 촛불집회, 거리행진, 삼보일배 등의 방법을 통해 일반 국민들의 가려운 곳을 긁어주었다. 요즘은 정부의 대운하 정책이나 4대강 사업, 강정마을 미군기지 건설 반대 등 환경을 지키기 위한 활동을 펼치고 있다. 소수 특정 계층의 경제적 이익을 위해 하나님이 주신 자연과 생명체들을 파괴하며, 국민 대다수에게 정신적 불편과 더 많은 세금을 부담하게 하는 사업으로 평가되는 일에 한목소리로 저항하고 있다. 이런 연유로 가톨릭은 그나마 사회정의 구현을 위해 애쓰는 사람들이고, 교회는 '모여라, 돈 내라, 집 짓자'는 모토로 자신들만 잘살기 위해 뭉치는 사람들로 인식되었다. 요즘은 가톨릭도 편향된 경향을 보여 많은 비판을 받고 있지만, 교회는 그보다 더 많은 욕을 먹고 있다.

물론 가톨릭이 목소리를 내는 부분에 개신교도 함께 참여하고 있고, 오히려 탈북자나 노숙인을 돕는 활동에서는 더 많은 봉사를 하고 있어도, 이미 마음이 싸늘하게 굳어버린 국민들의 눈에는 잘 들어오지 않는다. 사람의 눈을 만족시키기 위해서 이런 일을 하는 것이 아니고, 하나님께서 인정해주시면 된다고 말하는 사람도 있을 것이다. 그러나, 더 나은 사회를 만들기 위한 노력 중에서 사람의 눈에는 벗어나나 하나님을 만족시키는 일은 그리 많지 않다.

교회는 지금보다 더 사회개혁을 위한 일에 발 벗고 나서야 한다. 가톨릭을 예로 든 것은, 단순히 가톨릭보다 나아야 한다는 것이 아니다. 사실 가톨릭은 기독교와 비교할 수도 없을 정도로 그 타락 정도가 심하다. 가톨릭 신도들이 마리아상 앞에서 고개를 숙이고 기도하며 소원을 비는 모습을 재림 때 정작 마리아가 본다면, '저들은 도대체 누구이고 무엇을 하고 있는 것인가?'라고 의아해 할 것이다.

지금은 노골적으로 구원으로 향하는 길은 모든 종교에 있다고 할 만큼 다원주의적 입장에 물들어 있다. 가톨릭의 책임자라고 하는 양반이 법당에 앉아 함께 불공을 드리는 모습을 심심치 않게 볼 수 있고, 심지어는 함께 참배하는 모습까지 비친다. 가톨릭은 기원후 800~900년까지는 그래도 지금처럼 타락하지는 않았다. 그때까지는 오직 예수님만이 구원의 길이라는 정통 진리를 올바로 가르쳤다. 그러나 중세 암흑시대로 접어들면서 서서히 다원주의로 빠지기 시작하였다. 다원주의란 구원받는 길이 기독교 외의 다른 종교에도 있을 수 있다는 것이다. 이것은 세상 사람들이 듣기에 얼마나 좋은 말인가? 현대인일수록 이런 소리를 더욱 듣고 싶어 한다. 그리고 가톨릭은 그렇게 사람들의 마음속에 침투한다.

물론, 가톨릭 신자들 가운데도 참으로 예수 그리스도만 의지하고 그분만을 섬기는 신실한 자들이 있을 것이다. 그러나 가톨릭 전체 분위기는 어느 종교든지 괜찮다고 하는 다원주의를 적극적으로 받아들이는 분위기다. 그리고 이 점이 사람들 눈에 개신교와 다르게 배타적이지 않고 평화와 평등을 추구하는 종교로 비친다. 그러나, 이것은 요한복음 14장 6절 말씀(내가 곧 길이요 진리요 생명이니 나로 말미암지 않고는 아버지께로 올 자가 없느니라)을 발로 걷어차는 것과 다름없다.

아마 앞으로도 가톨릭 신자들이 더 많이 생길 것이다. 현대인들은 독선을 싫어하기 때문이다. '구원의 길은 오직 예수밖에 없다'는 말에 대해 독선이니, 개인주의니, 배타적이니, 하며 기독교를 몰아붙이는 경향은 더욱 강해질 것이다.

이렇게 말도 안 되는 주장을 하는 가톨릭보다도 개신교가 세상에서 더 인정을 못 받는 현상에 대해 나를 포함한 모든 기독교인은 깊이 반성해야 한다. 기독교와 가톨릭은 비교 대상이 될 수 없다. 그것은 누가 더 나은가를 따지는 우열의 문제가 아니라 진리와 비진리의 문제이기 때문이다. 그런데 사람들이 비진리인 것을 더 신봉하게 된 책임은 진리를 소유하고 있음에도 불구하고 스스로 역할을 제대로 감당하지 못한 교회와 기독교인들에게 있다. 가톨릭의 경우와 비교해서 설명하는 이유는 '말도 안 되는' 가톨릭보다도 사회에서 그 역할을 담당하고 있지 못하는 교회가 얼마나 하나님과 사람들을 실망시키고 있는지 강조하기 위해서다.

가톨릭이 사회정의를 부르짖으며 약자들 편에 설 때 기독교의 모습은 어떠했는가. 주류로 인정받기 위해 독재자들을 축복하는 일을 일삼지 않았는가. 군부독재 시절 가톨릭이 공권력의 총부리 앞에 맞설 때, 개신교는 '청와대 조찬기도회'에 참석하기 위해 혈안이었고 앞다투어 독재자들을 축복하였다. 이에 대해 마이클 미커티어는 『아시아에서 기독교가 가장 번성한 나라』라는 책에서 한국 교회를 이렇게 비판했다.

한국의 기독교는 신학적 보수성뿐 아니라 강한 반공주의 및 정치적 보수성과도 결합했다. 1970년대에 한국 천주교와 일부 개신교가 반민주적 정부와 맞서 싸우기는 했으나, 다수의 기독교 지도자들은 정부의 편에 서는 길을 택했다. 오늘날에도 교회 내에서 개혁을 요구하는 소수의 사람들이 인권유린과 반민주적 정치풍토에 반대하는 목소리를 높이기도 한다. 그러나 한국 교회 대다수의 관심사는 자신의 영향력을 유지하고 확대하는 데 있는 것으로 보인다. 그들에게 가장 중요한 문제는 어떻게 하면 초대형 건물을 짓고 교인수를 늘리는가이다.

그리스도의 종들은 자신들의 배를 불리는 데 급급할 것이 아니라, 정치적, 사회적, 경제적 책임을 다함으로써 그분의 주되심을 드러내야 하며, 이를 통해 이웃사랑을 실천해야 한다.

2012년 2월 주한 중국대사관 앞에서 하루 2차례씩 탈북자 북송 반대집회가 열렸다. 집회가 열리는 동안, 시위자들의 구호와 고함으로 옆 사람의 목소리도 잘 들리지 않았다. 그 바로 앞에 위치한 옥인교회는 여러 가지로 불편했을 것이다. 그러나, 옛날 믿음의 선배들이 자신들의 집을 지을 때 나그네를 위한 방도 따로 준비해 놨던 것처럼 현관 옆에 단식 농성용 텐트가 들어서도록 하고, 교회 주차장은 취재 차량 등 외부차량에게 자리를 내어줬다. 교회 화장실도 집회 현장을 찾은 사람들이 마음껏 사용하도록 허용했다. 집회와 단식 농성에 쓰이는 대형 스피커와 전기장판에 필요한 전기도 공급해줬다. 촛불집회나 삼보일배 등 사람들을 자극하거나 눈에 띄는 행사를 진행하지 않았어도, 마땅히 우리 사회가 감당해야 할 문제였기에 전 교인들이 묵묵히 모든 불편을 감수하였다. 교회는 이처럼 누가 알아주거나 티가 나지 않더라도, 이 사회의 정의와 개혁에 필요한 일이라면 주저 없이 뛰어들어야 한다. 다만, 정치적으로 어느 한쪽으로 치우쳐서 세상의 세력화에 이용당하지 않도록 균형감각을 유지하면서 말이다.

하나님께서 국가의 수반이나 고위급 정치인, 대기업 경영진, 혹은 잘 나가는 기독교 유명인사에게만 관심을 가지시는 것이 아니다. 하나님과의 관계에서는 그 어떤 사람도 남이 넘볼 수 없는 '연줄'이나 '빽'이 필요 없다. 예수님이 함께 교제를 나누고 시간 보내기를 기뻐하셨던 사람들의 부류를 찬찬히 살펴보면, 예수님은 사회의 소외계층, 즉 '세리들과 죄인들'에게 남다른 애정을 품고 계셨음을 알 수 있다. 지금 이곳에 예수님이 계시다면, 이처럼 정의가 땅에 떨어진 사회와, 이에 대해서 침묵하고 있는 교회에 대해서 뭐라 하실까.

최근 한국의 대통령 중 2명이 대형 교회 장로였다. 그러나 정의로운 사회는커녕 하나님의 인내심을 시험이라도 하듯 사회는 더 악을 향해 치닫고, 교회의 영향력은 더 줄어들었다. 오히려 정치 행태를 놓고 보면 그들이 정말 기독교인들인지 의심이 갈 정도였다. 그리고 권력 맛을 본 한국 교회 지도자들의 불의와 타락은 전체 교회의 이미지와 사기를 심각하게 훼손했다.

그럼에도 불구하고 우리는 낙심하고 있을 수만은 없다. 비록, 윗물이 오염됐지만 아랫물은 맑을 수 있다는 역설을 증명해 내야 한다. 지도자들에게서 불가능하면 아래서부터의 개혁이 필요하다. 병들대로 병들어 최악의 중증 환자가 된 이 사회를 교회가 치유해야 한다. 그러나 먼저 더 병들어 있는 교회부터 회복해야 한다. 교회 지도자들로부터 평신도들에 이르기까지 전방위 회복이 필요하다. 더는 병든 이 사회와 교회를 그대로 내버려두는 것은 하나님 앞에 더 큰 죄를 짓는 것이다. 그리스도에게 있어서 그러했던 것과 마찬가지로 그리스도인들에게 있어서도 삶은 투쟁을 의미한다. 그리고, 그리스도에게 있어서 그러했던 것과 마찬가지로, 그리스도인들에게 있어서도 삶은 승리를 의미한다. 승리하신 그리스도처럼 우리 삶은 승리하게 되어 있다. 단, 교회나 개인이나 하나님 안에 온전히 거할 때 이것이 가능하다. 이 세상의 주인은 하나님이시다.

비난과 조롱거리로 추락한 교회

몇 해 전 끔찍한 연쇄살인으로 세상을 공포에 몰아넣었던 강호순 사건을 기억하는가. 다시 한 번 언급하기도 힘들 정도로 잔인했던 이 사건이 소개된 인터넷 기사에 생뚱맞게도 '예수님을 영접하라'는 장문의 댓글이 달렸었다. 가슴이 떨려 클릭하기도 어려운 기사 밑에 이런 내용이 달리니 '이때다' 싶은 안티 기독교인들이 기독교를 비방하는 내용의 댓글들로 도배해 놓았다.

그런데 아무리 생각해도 이상한 일이었다. 정말 제대로 된 기독교인이라면 그런 기사에 그런 내용의 댓글을 달아 놓았겠는가. 그래서 XXXOOO1@Y라는 아이디의 다른 댓글들을 조사해 봤더니 성매매, 상습 강도, 포르노 영화 소개 등 주로 자극적인 내용 밑에만 하나님을 믿으라는 댓글들을 달아 놓았고, 한 포털사이트에는 비슷한 내용을 무려 64개나 올려놓기도 했다. 그 네티즌의 댓글을 분석해보니 5개 정도의 글을 작성해서 카피해 반복적으로 사용하고 있었고, 주로 666, 휴거 등을 경고하는 내용을 반복해서 올린 것으로 봐도 그는 우리가 생각하는 정상적인 그리스도인이 아닌 게 확실했다.

그는 일부러 기독교가 공격받기 딱 좋은 사건과 타이밍에 이런 글을 지능적으로 올려 가뜩이나 성난 네티즌들로 하여금 더욱 기독교를 비방하고 업신여기게끔 하는 아주 지능적인 방법을 쓰고 있었다. 정말 교묘하게 기독교를 공격하고 있었다.

'기독교가 왜 이토록 공격을 받아야 하는가'라는 생각을 하면 가슴이 아프지만, 기독교가 얼마나 그 역할을 다하지 못하고 사람들을 실망시켰으면 저토록 심하게 기독교에 대해 마음을 닫고 적대시하는 지경까지 이르게 되었을까 돌아보게 된다.

각종 여론조사 결과에서 보이는 한국 개신교에 대한 이미지는 점점 더 부정적으로 바뀌고 있다. 타 종교들이 사회적, 문화적 경쟁력을 키우며 개신교를 대체할 것처럼 성장하고 있다. 개신교 안에서 특히 청년층과 30~40대 층이 급속히 줄어들고 있다. 그러나 개신교 내에 이런 위기에 대한 바른 신학적, 사회과학적 분석이 부족하고, 위기 극복을 위한 종합적이고 체계적인 노력과 성찰이 나타나고 있지 않음이 안타깝다. 단순히 교회 지도자들의 부도덕과 부패가 문제가 아니라 한국 개신교 전체의 영성이 병들었다는 것이 가장 큰 문제이다.

한 나라의 품위는 제도가 아닌 국민의 인격에 의해 좌우된다. 한 나라의 정부란 본질적으로 그 나라 국민 개개인의 수준을 반영하기 마련이다. 국민보다 앞서 가는 정부는 국민의 수준에 맞게 끌어내려지고,

국민 수준에 미치지 못하는 정부는 세월이 지나면서 점차 국민들의 수준에 걸맞게 성장한다. 이처럼 국민 개개인의 인격이 곧 국격이 되는 것이다. 교회도 마찬가지다. 교인 개개인의 인격과 삶의 모습들이 그 교회의 수준이 되고, 그것들이 모여 하나님 나라의 성격을 반영하게 된다. 그러나 요즘 교회의 모습은 하나님 나라 혹은 하나님의 통치와 상관없이 사회의 온갖 나쁜 점들을 베껴 놓은 경연장 같은 모습이다.

오늘날 한국 교회가 빛과 소금으로서의 사명을 제대로 감당하지 못하는 이유는 열매 없이 잎만 무성한 포도나무 같은 사람들이 너무 많기 때문이다. 겉보기에는 화려해 보이지만 가까이서 보면 열매 하나 찾기 어려운 허울 좋은 교회들이 많다. 그래서 오늘날 한국 교회가 이처럼 세상 사람들에게 짓밟히고 있다.

경제 성장과 더불어 교회도 물질적으로 급속히 성장해 왔고, 그러면서 종교권력이 생기고, 이를 통해 부를 축적한 사람도 생겨났다. 명예욕, 권력욕, 물욕 등 예수님이 경계하시고 멀리하셨던 온갖 욕심을 신앙의 이름으로 포장해 정당화하려고 하니까 싸움과 다툼이 일어난다. 그러다 보니 선거도 돈으로 치르고, 누구나 알아주는 더 높은 자리에 오르려 하고, 교회를 키워서 세습한다. 이런 교회가 이 사회의 화합과 치유의 역할을 감당할 리는 만무하다. 예수님은 그런 권력자들을 무척 강하게 질책하고 비판하셨다.

정치인, 공무원 등에게는 특히 높은 윤리의식이 요구된다. 그러나 기독교인들에게는 이보다 더 높은 윤리의식이 요구된다. 기독교인들은 세상의 일반 직장인들보다 더 높은 수준의 윤리의식을 품고 살아야 한다. 산상수훈에서 보듯이, 우리에게는 복의 기준이 다른 것처럼 윤리의 기준도 달라야 한다.

기독교가 다른 종교보다 더 욕먹는 이유는 그만큼 세상의 기대가 더 크기 때문이다. 우리가 잘못하면 '교회 다니는 사람이 왜 그래?'라고 질타하지만, 불교인이 잘못하면 '절에 다니는 사람이 왜 그래?'라고는 하지 않는다. 하나님의 원래 의도대로라면 교회는 이런 욕을 듣는 지경까지 이르지 말았어야 한다. 기독교가 잘못된 것이 아니라 기독교인들이 잘못하고 있는 것이고, 하나님의 교회가 틀린 것이 아니라 그 교회를 구성하는 사람들이 문제다.

하나님을 잘 섬기는 교회라고 해서 문제가 없는 것은 아니다. 모든 교회가 크고 작은 문제들을 안고 있다. 구성원이 많아질수록 여러 가지 문제가 발생할 확률은 몇 배나 더 커진다. 교회 내에 문제가 생기는 것이 문제가 아니라 이를 해결하는 방법이 문제다. 아직은 죄의 영향력 아래 있는 부족한 사람들이 모여서 하는 일이라 어쩔 수 없이 생기는 문제들에 대한 교회의 반응과 해결 방법이 교회의 수준을 결정한다. 분명히 수준 높은 교회와 수준 낮은 교회가 존재한다. 그 수준은 교회의 규모가 아니라 얼마나 하나님의 뜻에 부합하는가에 따라 결정된다.

학생들을 서울대학교에 많이 진학시킨 고등학교들을 순서대로 나열한 것처럼 교회들에 등수를 매기려는 것이 아니다. 만약 교회에 등수를 매긴다면 십중팔구는 교인수에 따라 구분할 것이다. 그러나, 교회까지 경쟁을 통해 점수를 매기는 곳이 되어서는 곤란하다. 그런 행위는 하나님 앞에서는 무의미하다. 하나님의 방법으로 운영하고 하나님의 방법으로 여러 문제들을 해결하는 교회와, 꼼수에 꼼수를 더해 인간적인 방법으로 해결하려 하는 교회가 있다. 후자가 많을수록 기독교는 이 땅에서 힘과 영향력을 더욱 잃게 된다.

너무 많은 문제들이 불거지고 너무 많은 비판의 목소리들이 여기저기 꿈틀대기 때문에 우리는 교회를 비판하는 일에 무감각해져 있다. 그러나 교회를 비판할 때는 예수님의 몸 된 교회를 깊이 사랑하는 마음이 앞서야 한다. 하나님이 교회를 얼마나 소중하고 가치 있게 생각하시는지 먼저 생각해 보아야 한다. 하나님께서 자신의 피를 주실 만큼 소중히 여기시는 교회를 무의식적으로 헐뜯기 전에 조금만 더 생각해 보아야 한다. 교회를 비판할 때는 하나님의 교회를 깊이 사랑하는 마음이 있는가 먼저 돌아보아야 한다. 나도 이 책을 쓰는 내내 '나는 하나님의 교회를 깊이 존중하고 사랑하는가'라고 날마다 물으면서 작업하고 있다. 고든 맥도날드의 말처럼 '교회를 비판할 때 교회를 크게 존중하는 마음으로, 교회가 하나님이 원하시는 모습으로 되기를 바라는 마음으로' 해야 한다.

식당이라고 다 맛있는 음식만 나오던가. 병원에 간다고 의사가 다 명의라 모든 병이 낫는가. 극장가면 모든 영화가 다 재미있는가. 지난번에 갔던 식당의 음식이 맛이 없어도 배고프면 식당에 또 가게 되고, 지난번 의사가 마음에 들지 않았어도 다시 병이 나면 또 병원에 가듯이, 교회에 문제들이 많이 있어도 역시 영혼이 목마른 사람이 찾아갈 곳은 교회 아닌가. 이어령 박사의 말처럼 부패한 교회가 있다고 해서 교회에 가지 말아야 한다는 말은 병원 의사의 오진으로 환자가 죽었으니 앞으로 병이 나도 병원에 가지 말라는 것과 같은 이야기이다.

아무 문제 없다고 벽을 쌓아버리는 것도 문제지만 희망이 없다고 말하는 것은 더 큰 잘못이다. 비판하기는 쉽지만 시정을 위한 방향이나 대안을 제시하는 일은 어렵다. 교회에 대해 비판하는 목소리들은 '제발 더는 부패하거나 타락하지 말고 하나님께서 교회를 세우신 본래의 뜻대로 회복되어 세상 속에서 하나님 나라의 모습을 보여줘야 한다'는 바람을 담고 있어야 한다.

'너나 잘해'라고 말한다면 누구도 이런 의견을 개진할 자격이 없다. 아무리 큰 교회의 목사라 하더라도, 아무리 영성 있는 지도자라 하더라도, 완벽한 사람은 없고 모두가 죄인이기 때문이다. 나는 비록 목회자도 신학자도 아니지만, 세상 속에서 매일 매일 치열한 영적 전투를 벌이고 있는 평범한 평신도의 입장에서도 교회의 타락을 지켜보는 일은 너무도 고통스럽다. 나와 같은 안타까움을 가진 평신도들이 보이지 않는 곳에서 땅을 치며 애통한 마음으로 한국 교회의 회복을 위해 기도하고 있을 것이다.

사람들은 흔히 교회의 부흥과 이적만이 성령의 역사라고 생각하는 경향이 있는데, 성령의 주권적 역사를 통해 삶 속에서 세세하게 간섭하시는 이끄심이 없으면, 개인이건 교회건 하나님의 뜻 안에 거하며 많은 문제들을 지혜롭게 해결하기 어렵다. 개개인을 부르시고 구원의 믿음을 유지하도록 지키시는 성령께서 교회도 마찬가지로 지켜주신다. 방언 달라고 할 때만 성령님을 구할 것이 아니라 이런 일들에 있어서 성령님의 개입하심을 구해야 한다.

교회는 더는 하나님과 사람들을 실망시키지 말고, 하나님이 본래

교회를 세우신 뜻대로 회복되어야 한다. 그리고 우리는 하나님의 교회를 깊이 사랑하고 지켜내야 한다. 교회의 주인은 하나님이시다.

비즈니스 교회

요즘은 공공연히 교회경영이라는 말이 유행하고 있다. 일류 기업처럼 교회를 운영하여 교회를 성장시키려는 움직임이 일반화되어 가고 있다. 목회자는 최고경영자가 되어 교회 성장을 꿈꾸고, 장로들은 중역의 역할을 하는 듯하다. 교인들마저 교인수와 헌금액이 많아야 사업을 크게 할 수 있다고 생각한다. 전도도 상업적 도구로 전락하여 교인 확보 경쟁에 나선다.

조지 바나를 비롯한 교회 성장 전문가들은 교회에 마케팅 개념을 주입하지 못해서 안달이다. 바나는 대부분의 미국 교회에 '마케팅 마인드'가 없다고 탄식한다. 그리고 '마케팅 마인드'가 없는 교회들은 반드시 실패할 수밖에 없다고 주장한다. 교회가 실패하는 이유는 기업이 망하는 이유와 같다는 것이다. 그러나 이 얼마나 위험한 생각인가. 아예 공식적으로 교회를 비즈니스로 인정하는 것이다.

교회를 비즈니스로 생각하기 시작하면 교회의 모든 활동을 마케팅적인 관점에서 바라보게 된다. 가장 먼저 신도들을 고객이라 생각할 것이다. 그리고 고객 만족이라는 측면에서 예배를 포함한 모든 교회의 시스템을 사람들의 편리와 재미 위주로 구성하게 된다. 그래야 고객들이 교회를 찾아올 테니까. 하나님이라는 단어는 매번 들먹거리지만 정작 하나님은 안중에도 없고, 자신들이 거두는 성장과 각종 성과에 들떠 '하나님의 은혜'를 들먹거리게 된다. 정작 하나님을 소외시키면서 말이다.

그들에게는 강력한 경쟁자들이 있다. 주변 교회들이다. 어떻게든 사람들의 마음을 사로잡아 자신들의 교회로 출석하게 하고, 가능하다면 다른 교회에 잘 출석하는 사람들도 빼앗아오려 한다. 이를 위해 미니텝을 비롯한 각종 통계 패키지들을 활용하기도 하고, 기업들이 활용하는 전략, 혁신 기법, 마케팅 기법들을 도입한다. 그러나 아무리 생각해도 교회가 이웃 교회를 밟고 성장한다는 것은 여러 가지 면에서 반기독교적인 일이다.

마케팅이란 것은 결코 가치 중립적인 활동이 아니다. 마케팅은 본질을 바꾼다. 교회가 마케팅에 물들기 시작하면 이미 순수성을 잃어버리는 것이다. 성장논리에 묻힌 교회들은 세상 기업의 경영논리들을 신학적인 점검 없이 앞다투어 받아들인다. 사실, 현대 자본주의 사회에서 기업논리를 생각해도 기업이 그 역할을 제대로 다 하고 있는가 생각하면 반성할 것이 많은데, 교회가 기업을 따라 하는 것은 문제가 있다. 교회가 현대 기업으로부터 경영학적 방법론과 긍정적 리더십 모델을 배운다 하더라도 교회는 기업과는 분명 달라야 한다. 기업은 성장을 위해 존재할지 모르나 교회는 성장만을 위해 존재하지 않는다. 교회는 하나님의 뜻과 그분의 나라를 위해 존재한다. 오히려 하나님의 뜻을 실천하기 위해서 외형적 성장을 포기하고 더 작아지거나 한 걸음 더 나아가 출혈과 피해를 감수해야 할 때도 적지 않다. 또한, 교회의 리더십은 단순한 파워의 문제가 아니다. 거기에는 공적이고 도덕적인 권위가 뒤따라야 한다. 그리고 이런 권위는 돈의 힘이 아니라 하나님으로부터 나오는 것이다.

교회가 기업과 같아서는 안 되겠지만 오히려 기업만도 못한 경우도 많다. 세상의 모든 기업이 지키는 기본적인 상도덕도 없는 몰염치한 교회들 말이다. 근처에 교회가 버젓이 있는데 바로 옆에 같은 교단의 교회를 세우는 일이나, 다른 교회 정문 앞에서 버스에 교인들을 태워 나르는 일들을 보면 가슴이 먹먹해진다. 흔히 편의점을 운영하는 유통회사들처럼 기존 편의점이 있으면 반경 몇 미터 안에는 다른 교회를 세우지 못하도록 법이라도 만들어야 하는가.

이웃교회를 배려하지 않고 자신이 섬기는 교회만 생각하는 사람들에게 무슨 사랑이 있을까. 교인들이 '내 교회, 네 교회'로 구분하여 서로 담을 쌓고 자기 교회의 코이노니아에만 관심을 두게 되면, 어떻게 교회의 정도(正道)를 따른다는 것인가. 신도들의 열심으로 교회가 아름답게 성장하는 것을 싫어할 이유는 없다. 다만, 이것이 이윤을 추구하는 기업과 같이 이기적인 성장이거나 자기 교회만을 생각하는 폐쇄적인 것일 때에는 문제가 된다. 이 교회의 주인이신 하나님과 저 교회의 주인이신 하나님이 서로 다른 분은 아니지 않은가.

교회의 목적이 기업과 같을 수는 없다. 기업의 궁극적인 목적은 영리추구이기 때문이다. 잘못된 목적과 방향성은 오히려 사람들을 집어삼키기도 한다. 그들의 열심과 열정은 인정하지 않을 수 없지만, 그러나 교회에 두신 하나님의 근본적인 뜻을 오해하게 되면 오히려 교회를 하나님의 생각과 다른 먼 곳으로 이끌게 되는 것이다.

교회와 기업의 본질은 전혀 다르다. 사업의 성공 기준과 예수님을 성실히 따르는 일의 기준은 절대 같을 수 없다. 그러나 목회자들은 성공, 규모, 명성, 특권에 집착하고 오직 정상에 도달하려고 노력한다. 아예 신학교에서 이런 '성공적 목회'를 하라고 가르치고 부추긴다. 멀쩡히 잘 섬기던 교회를 하루아침에 내팽개치고 대형 교회의 교역자로 스카우트되어 가는 목회자들을 보면 다리에 힘이 풀린다.

윌리엄 폴 영의 소설 <오두막>에 등장하는 하나님은 주인공에게 이렇게 말씀하셨다.

"내 이름으로 이루어지는 것들 중에는 내 뜻과 아무 관계가 없는 것도 많아요. 또 의도하지 않았다 하더라도 내 목적과 정반대되는 것도 있고요……"

교회는 이익을 도모하는 이익집단이나 클럽이 아니다. 이전 정부가 들어선 후 유행한 말들 중 가장 유명한 것이 아마 고소영일 것이다. 그리스도인들의 얼굴을 가장 화끈하게 만드는 말이다. 고대, 소망교회, 영남 출신이어야 출세할 수 있다는 뜻이다. 실제 소망교회 등 대형 교회에는 금융인 모임 등 순수한 의도로만 보기에는 조금 무리가 있는 모임들이 많다. 처음 의도야 순수했는지 모르지만 구성원들의 이해관계가 얽히고설키게 되어 이익집단으로 변모해 간다. 하나님을 예배하고 신앙생활을 잘하기 위해서가 아니라, 이런 모임의 구성원이 되기 위해 교회에 나오거나, 잘 나가던 교회를 쉽게 옮기는 일도 있으니 통탄할 일이다. 교회는 내부자들의 편의를 도모하는 클럽으로 변질되어서는 안 된다. 사람들이 연합하여 영적으로 성장하고, 삼위일체 하나님을 예배하며, 보다 넓은 세상에서 그리스도인의 삶을 살고 섬기기 위해 준비하는 공동체여야 한다.

교회가 스스로는 힘과 성장이라는 세상의 논리를 따르면서, 단순히 일회성 이벤트 성격의 사회봉사로는 사람들에게 진정한 감동을 줄 수 없다. 그런 활동들은 일반 기업들도 다 한다. 풀러신학교의 이학준 교수는 『한국 교회, 패러다임을 바꿔야 산다』에서, "양적 성장과 힘의 논리에 사로잡혀 있는 교회는 아무리 여러 종교적 틀과 종교언어로 치장한다고 해도 본질적으로 하나님을 떠난 교회입니다."라고 못박는다.

기를 쓰고 이기려고만 하고 확장하려고만 하는 한국 교회, 승리주의에 도취해 물리적 힘으로든, 돈의 힘으로든, 권력의 힘으로든, 사회적 명예의 힘으로든, 교인수의 힘으로든, 힘으로 이기려 하고 세상에서 사용하는 온갖 마케팅적인 수단을 모두 동원하는 한국 교회를 하나님은 과연 어떻게 보실까.

교회는 십자가와 구속의 진리를 깨우쳐서 중생한 증거가 명확한 사람들에게 세례를 주고, 교회의 정회원으로 삼고, 그런 삶을 통해 하나님의 백성임을 명확히 드러내는 자에게 직분을 맡겨야 한다. 그러면서 속히 부흥되지 않는다 하여 기업들이 쓰는 방법으로 교회의 외형을 성장시키고자 하는 것은 교회를 이익집단으로 변질시키는 얄팍한 마케팅에 지나지 않는다.

교회가 기업을 따라 하면 안 되지만, 한 가지는 오히려 따라 할 만하다. 고객만족을 위해 애쓰는 것이다. 단, 교회의 고객은 신도들이 아니라 하나님이다. 하나님을 교회의 유일무이한 고객으로 생각할 때, 우리는 교회를 하나님 중심으로 바르게 운영하고 지켜낼 수 있다. 교회의 참된 주인은 사람이 아니라 하나님이기 때문이다.

우월의식을 부채질하는 대형 교회

내가 아주 어릴 적에는 부모님과 함께 교회 다니는 친구들은 조금 더 세련돼 보이고, 생활기록부 종교란에 불교 혹은 무교라고 적혀 있는 친구보다 기독교라고 적혀 있어야 좀 더 체면이 서는 것처럼 생각했었다. 그래서 교회에 잘 나가지도 않으면서, 기독교의 진리가 뭔지도 모르는 어린 나이에 크리스마스에나 몇 번 교회에 나가본 상태에서 내 종교는 기독교라고 말하곤 했다.

그렇게 느꼈던 그 꼬마 나이의 자녀가 있는 지금도, 살아가면서 이런 느낌을 종종 받곤 한다. 어릴 적 느꼈던 감정과 조금 다르겠으나, 지금은 나도 하나님을 믿고 있지만, '기독교인들이 스스로 경건하다거나 우월하다는 자기만족의 태도'를 풍기는 것을 느낄 수 있다. 겉으로 보기에 그 삶은 잘 정돈되어 보인다. 그러나 조금 못한 사람, 조금 못 가진 사람, 조금 못 배운 사람이 보기에는 다가가기 어렵다.

왜 이런 느낌이 드는지, 아니면 나만 느끼는 아주 고약한 느낌일지는 모르겠으나, 우리가 하나님의 무한한 은혜와 사랑으로 예수님으로 말미암은 영원한 생명을 받았고, 그런 하나님을 섬기는 삶이 어쩌면 하나님이 아니라 우리 자신을 스스로 높이는 삶이 아니었나 돌아보게 된다. 자칫 잘못하면 종교는 오만함의 원천이 될 수 있다. 종교적 자만심은 아주 은밀하고도 지독한 죄악이 될 수 있기 때문이다.

그러나 하나님을 알면 알수록 우리의 고개가 **빳빳**해질 이유가 전혀 없음을 알게 된다. 하나님의 자녀가 된 은혜로운 사역에 우리가 공헌한 것은 하나도 없기 때문이다.

누가복음 10장에는 예수님께서 세우셔서 각 지역으로 보냈던 70인이 돌아와 주의 이름으로 귀신들이 자신들에게 항복한 결과를 신이 나서 보고하는 장면이 나온다. 그러나 예수님께서 잠시 기뻐하신 후에 그들을 가르치신다.

그러나 귀신들이 너희에게 항복하는 것으로 기뻐하지 말고 너희 이름이 하늘에 기록된 것으로 기뻐하라 하시니라 (눅 10:20)

귀신들이 그들에게 항복한 것은 그들의 업적이 아니라 주님의 이름 때문이었음을 강조하신다. 이를 생각하면 우리의 성공과 열매들도 모두 하나님에게서 왔음을 알고 감사하며 더욱 겸손해야지, 스스로 우월하게 느껴서는 곤란하다. 내가 스스로 우월감을 느낀다면, 반대로 다른 사람을 낮추어 본다는 의미이기 때문이다. 우리가 하나님의 자녀임을 자랑스럽게 알고 드러내는 것은 필요하지만, 우리의 노력과 수고로 쟁취한 것은 아무것도 없다는 것을 깨달을 때 우리는 우월감이 아니라 더욱 낮아짐과 겸손을 소유할 수 있게 된다.

교회 안에서도 마찬가지이다. 목사나 장로, 권사가 교회 안에서 더 높은 것이 아니고, 오히려 더 예수님의 낮아지심을 본받아야 할 일꾼들임을 알아야 할 것이다. 마이클 프로스트와 앨런 허쉬가의 한탄은 지금 우리에게 다시 한 번 경종을 울리게 한다.

우리는 바울이 사제와 평신도 간, 공직자와 일반 성도 간, 거룩한 사람들과 평범한 사람들 간의 전통적인 구별을 근본적으로 없애 버린 것을 얼마나 더 오래 무시할 것인가? (『새로운 교회가 온다』, 마이클 프로스트 & 앨런 허쉬가, 2009, IVP, 126쪽)

예수님을 생각하면 우리의 목에 힘이 들어갈 이유가 전혀 없다. 예수님은 마지막 식사자리에서 우리에게 교회 일의 모델을 보여 주셨다. 제자들이 서열도 정하고 임원도 뽑으면서 여러 가지를 구상하고 있는 동안, 예수님은 말없이 수건과 대야의 물을 준비하셨고 그들의 발을 씻기기 시작하셨다. 그리고 "내가 너희에게 행한 것같이 너희도 행하게 하려 하여 본을 보였노라(요 13:15)"고 말씀하신다.

필립 얀시는 『교회, 나의 고민 나의 사랑』이라는 책에서 예수님께서 보여주신 이 '섬김의 정신'을 하나님의 뜻을 행하는 교회의 단연 으

뜸가는 특성으로 인식한다고 강조했다. 그래서 더욱 나는 담임목사를 포함한 모든 직분자들이 다른 성도들과 함께 주일날 자신의 순서가 되면 팔을 걷어붙이고 설거지를 담당하는, 교회의 모든 소소한 일들까지도 재직회를 통해 충분한 토론을 거쳐 모두가 함께 결정하는 교회에 다니는 것이 자랑스럽다. 이런 자랑 또한 다른 교회보다 내가 다니는 교회가 더 좋다는 우월의식은 아니기를 소망하면서.

누가복음 18장 9~14절에는 바리새인과 세리의 이야기가 나온다. 종교 지도자급이던 바리새인은 세상에서 높은 지위에 있었지만, 하나님은 바리새인과 같이 스스로 자신을 높이며 많이 드린 것을 자랑하는 자보다, 스스로 낮아지며 드릴 게 없어 안타까워하는 마음을 더 받으신다. 멀리 서서 감히 눈을 들어 하늘을 우러러보지도 못하고 다만 가슴을 치며 '하나님이여 불쌍히 여기옵소서 나는 죄인이로소이다'라고 한 세리를 의롭다고 하셨다. '자기를 높이는 자는 낮아지고 자기를 낮추는 자는 높아지리라'는 메시지는 성경을 통해 일관성 있게 우리를 가르친다. 자기를 의롭다고 믿고 다른 사람을 멸시하는 자들에게 비유로 말씀하신 것이다.

교회에는 아주 다양한 종류의 사람들이 모이게 된다. 하나님의 한 자녀로서 한 줄기로부터 양분을 공급받는 지체의식을 가지고 생활한다. 한 교회에 출석하면 한 가족처럼 지내는 것은 당연한 일이나, 교회에 오래 출석한 사람과 이제 막 신앙생활을 시작한 사람, 성경공부를 많이 해서 해박한 성경지식을 소유하고 있는 사람과 아직 균형 있는 성경공부를 경험하지 못한 사람 등등, 여러 가지 상황의 사람들이 섞여 있다. 믿음이 독실한 그리스도인들은 믿음이 연약하거나 교회에 나온 지 얼마 되지 않는 사람들이 어떤 사실에 대해 의심하거나 망설인다고 해서 스스로 우월감을 가지거나 그들을 함부로 판단해서는 안 된다. 친히 제자들의 발을 씻기신 예수님을 생각하며 시간이 조금 걸리더라도 가르치고 기다려줘야 한다. 믿음이 강하고 성경적 지식이 많은 사람들은 또한, 자신들의 유식함을 과시하려고 연약한 기독교인들 위에 군림해서도 곤란하다. 연약한 신자들이 극도의 혼란과 혼동을 경험할 수 있는 상황에서는 예수님이 본을 보여주셨던 사랑이 그 순간을 지배하게 해야 한다. 그렇지 않으면 '자유를 누리는' 형제자매는 율법주의자와 마찬가지로 원칙주의자가 되고 말 것이다.

　개인적으로 충분히 그럴만한 경제적 능력이 있더라도, 함께 교회생활을 하는 지체들을 위해 비싼 고급 외제차나 명품 등을 두르고 교회에 나오는 것은 다시 생각해 봐야 할 일이다. 하나님도 가장 비싸고 좋은 옷차림보다는 가장 단정하고 깨끗하고 수수한 옷차림을 더 좋아하지 않으실까? 물론, 사회생활을 열심히 하다 보면 좋은 차와 비싼 옷이 필요한 경우도 있을 것이다. 그렇지만, 할 수 있는 능력이 있으면서도 다른 이를 배려하는 마음으로 절제하는 모습이 필요하다. 이런 마음은 스스로 겸손하고자 노력하는 자세, 다른 사람을 깊이 배려하는 마음이 있어야 가능하다.

　사도 바울은 자기 '육체의 가시'를 없애 달라고 세 번이나 간구했으나, 하나님이 바울의 고통을 그냥 두신 이유를 알면 무릎을 탁 치게 된다. 스스로 너무 자만하지 않게 하기 위함이었던 것이다. 우리도 모르게 우리를 사로잡고 있는 자만은 그만큼 치명적이다.

그러므로 도리어 크게 기뻐함으로 나의 여러 약한 것들에 대하여 자랑하리니 이는 그리스도의 능력이 내게 머물게 하려 함이라 그러므로 내가 그리스도를 위하여 약한 것들과 능욕과 궁핍과 박해와 곤고를 기뻐하노니 이는 내가 약한 그 때에 강함이라 (고후 12:9~10)

사회생활을 열심히 하는 동안 다양한 사람들을 만나면서 상대방도 기독교인인 것을 알게 되면 더욱 친밀감을 느끼게 된다. 그러나 조금 대화를 나누다 보면 스스로 주눅 들게 되는 경우가 많다. 흔히 서로가 기독교인임을 확인하면 그 다음 주고받는 첫 번째 질문은 어느 교회에 다니는가이고, 그 다음은 출석 인원 등 교회 규모는 얼마나 되는가이다. 목사님들도 마찬가지라고 한다. 그리고 내 경험상, 대형 교회에 다니는 사람일수록 자신이 다니는 교회의 이름을 먼저 말하는 경우가 많고, 장로나 권사, 혹은 안수집사나 성가대 지휘자 등의 경우엔 교회에서의 직분을 먼저 말하는 경우가 많다. 작은 교회에 다니고 있는 나도 상대방이 나에게 어느 교회에 다니는가 물어보면 '안암동에 있는 작은 교회에 다닙니다'라고 소심하게 대답하곤 했던 이유도, 아마 그런 생각에 지레 주눅이 들어서 그랬는지 모르겠다. 나 자신도 대형 교회에 출석하면서 중요한 위치를 차지하고 있었다면 먼저 떠들고 다녔을지도 모르겠다. 마치 누구나 입사하고 싶어하는 대기업 회사 배지를 양복에 달고는 어딜 가더라도 가슴 쭉 펴고 다니는 것처럼 말이다. 그러나 그리스도의 겸손을 생각하면 이 얼마나 안타까운 생각인지. 내가 어느 교회에 다니는가가 중요한 게 아니라 내가 얼마나 하나님의 뜻대로 살고 있는가가 중요한 것이다. 그리스도의 십자가는 액세서리처럼 내세우라고 주어진 것이 아니라, 함께 짊어지라고 주어진 것임을 먼저 깨달아야 할 것이다. 우리가 어느 정도까지 낮아지고 겸손해져야 하는지는 이미 그리스도께서 그 본을 보이셨다.

너희 안에 이 마음을 품으라 곧 그리스도 예수의 마음이니 그는 근본 하나님의 본체시나 하나님과 동등됨을 취할 것으로 여기지 아니하시고 오히려 자기를 비워 종의 형체를 가지사 사람들과 같이 되셨고 사람의 모양으로 나타나사 자기를 낮추시고 죽기까지 복종하셨으니 곧 십자가에 죽으심이라 (빌 2:5~8)

우리는 이미 무엇과도 바꿀 수 없는 엄청난 것을 받았고 여전히 큰 사랑을 받고 살고 있다. 그러나 이것이 내 액세서리나 자기의 의가 되어서는 곤란하다. 모든 것을 허락하신 하나님을 깊이 묵상하면서 늘 감사하고 겸손해야 할 것이다. 헌금을 더 많이 한다고 해서, 사회적으로 높은 지위에 있다고 해서 하나님 앞에서 더 많은 권리를 누릴 수 있는 것은 아니다. 십자가의 구속을 통해 우리는 하나님과 화해되었다. 이는 수직적인 측면뿐만 아니라 수평적인 측면도 가지고 있다. 하나님은 우리를 자신과 화목시키셨을 뿐만 아니라, 그의 새로운 공동체, 즉 교회 안에서 다른 사람들과도 화해시키셨기 때문이다. 이는 교회 안에서는 그리스도 외에 높고 낮음이나 우월감과 열등감이 없어야 하는 근거가 된다. 존 스토트 목사도 도무지 겸손할 줄 모르고 높아지려고만 하는 인간들에 대해 다음과 같이 경고했다.

인간은 하나님에 대항하여 자기를 주장하면서, 오직 하나님께만 해당되는 자리에 자기를 올려 놓는다. 그런데 하나님께서는 인간을 위하여 자신을 희생시키시고, 오직 인간만이 있어야 할 자리에 자신을 두시는 것이다. 인간은 오직 하나님께만 속한 특권을 주장하고 하나님께서는 오직 인간에게만 속한 형벌을 받으시는 것이다. (『그리스도의 십자가』, 존 스토트, 1988, IVP, 202쪽)

우리는 하나님이시면서 우리를 위해 친히 인간의 몸으로, 그것도 죄를 짊어지신 모습으로 낮아지신 예수님의 겸손을 날마다 배우며 살아가야 할 것이다. 이름만 들어도 알만한 대한민국 최고의 부자가, 최고기업의 대표가, 최고위직의 정치인이 남에게 보이기 위해서가 아니라 그리스도의 겸손과 낮아지심을 몸소 실천하면서 교회에서 청소하고 설거지도 하고 아이들을 가르치는 모습이 일반적인 대한민국 교회의 모습이었으면 좋겠다. 동네 작은 교회에서 몸소 그리스도의 사랑을 실천하며 평생 섬김의 본을 보이는 사람들이 대통령도 되고, 총리도 되고, 대학교 총장도 되고, 대기업 회장도 되었으면 좋겠다. 그리고 그들의 자리에서 권력과 명예에 스스로 스러지거나 변하지 말고 그리스도의 낮아지심과 섬김의 본을 보여야 할 터인데, 현실은 오히려 정반대인 것 같아 마음이 무거워진다. 하나님의 뜻대로 행하는 것은 심지어 교회 안에서도 쉬운 일이 아니다. 높임을 받으실 분은 오직 하나님 한 분이시다.

숫자를 중시하는 한국 교회

교회 성장의 통계는 실로 놀랄 만하다. 폭발적인 증가라는 묘사는 과장이 아니다. 20세기 중반 이후는 더욱 그렇다. 중국의 경우는 수십 년간 적어도 100배나 성장했다. 오늘날 중국에서는 서유럽의 교회들을 모두 합한 것보다도 더 많은 기독교 신자들이 매 주일 하나님께 예배를 드린다.

한국의 경우도 1907년 평양 장대현교회에서 시작된 회개운동이 100주년을 넘어섰고, 한국전쟁 후 나라의 재건, 경제 발전과 함께 교인수가 폭발적으로 증가하여 양적으로 엄청난 성장을 거두었다. 그 결과 한국은 교인수 기준으로 세계에서 가장 큰 교회를 보유하고 있는 국가가 되었고, 10위 안에 여러 개의 교회가 포함되어 있다. 성장 면에서 살펴보면 한국에서의 경우는 세계에서 그 유래를 찾아보기 어렵다.

막스베버는 17세기 영국 청교도가 자본주의 발전에 필요한 정신을 형성하고 확산시키는 데 일정 부분 기여했다는 이론을 제기했다. 이후 개신교가 자본주의 발전에 긍정적인 영향을 미쳤다고 받아들여졌으나, 이제는 거꾸로 개신교가 자본주의 혹은 신자유주의의 희생물이 되고 있는 것 같다. 무한경쟁, 시장경쟁 원리, 힘의 논리 등의 가치에 휩쓸려 기업화, 대형화, 세속화의 급물살을 거스르지 못하고 오히려 이를 추구하고 있는 형국이다. 개혁적이고 복음주의적인 마인드를 가진 순수한 그리스도인들이 몸부림치고는 있지만 이미 너무 큰 물살을 타고 있는 것이 아닌가 하는 생각이 든다.

이런 점을 우려해 실천신학대학원대 조성돈 교수는 '활력목회'라는 표현을 사용하여 우려를 표명한다.

한국 교회의 성장을 이끈 핵심 요소는 부흥회, 새벽기도회, 수련회, 전도집회 등 끊임없는 행사를 통해 성도들의 감성을 자극하는 '활력목회'라 할 수 있다. 특히 '전도 몇 명', '교회 건축' 등의 목표를 향해 달려가는 활력목회는 산업화, 고성장 시기에 만들어진 한국 교회 특유의 성장모델이었다. 그러나 한국 교회가 성장하는데 있어서 결정적인 영향력을 끼친 활력목회가 오늘날 오히려 한국 교회의 성장에 발목을 잡은 꼴이 됐다. 감성적으로 자극하고 흥분하도록 했던 활력목회 스타일이 한국 교회의 이성을 잃어버리게 하고, 깊이 있는 성찰의 기회를 앗아갔다. (2011년 3월 23일 수표교교회에서 있었던 '한국 교회의 쇄신과 성숙'을 주제로 한 포럼 발표 내용 중에서)

그간 양적으로 엄청난 성장을 거듭한 한국 교회는 승리주의에 빠져 있어서는 안 된다. 그것은 종종 깊이 없는 성장이기 때문이다. 세계 각국의 기독교 지도자들은 한국 교회의 이런 깊이 없는 성장을 우려한다. 그에 상응하는 제자도가 나타나지 않는 수치적인 성장이 더 심각한 이유는, 하나님이 이런 성장을 기뻐하지 않으시기 때문이다. 이제 한국 교회는 성장보다는 성숙에 대한 논의를 진지하게 고민해야 한다.

교인수, 대형 교회수, 부흥 속도, 선교사 파송 등의 숫자를 보면 한국 교회가 세계 기독교의 주류로 자리 잡고 있다고 볼 수 있다. 숫자적으로만 보면 그렇다. 한국 교회의 역사적 사명은 교인수를 늘리는 부흥인 듯하다. 그러나 그 내면을 살펴보면 한국 교회가 교회로서의 역할을 제대로 감당하고 있다 보기 어렵다. 사회적 양극화의 심화, 폭력적 갑을관계, 각종 비리, 그리고 자살률, 흡연율, 이혼율 등의 수치가 세계 톱을 달리는 상황이 보여주듯, 한국 교회는 사회 속에서 그 역할을 충실히 수행하고 선한 영향력을 제대로 행사하고 있다 말하기 부끄럽다. 복음 전하는 일 보다는 사람의 눈과 귀를 즐겁게 하는 마케팅 방법에 의존하여 외형적 확장에 열심인 한국 교회의 모습을 보며, 뛰어난 교계 지도자이자 사회 비평가인 일본인 우찌무라 간조는 이렇게 한탄한다.

"한국은 숫자로 계산할 수 있어야만 종교의 가치를 깊게 인식한다. 큰 교회가 바로 성공한 교회라고 생각한다. 숫자! 오, 그들은 숫자를 얼마나 소중하게 여기는지!"

부끄럽고 자존심 상하는 멘트지만 대놓고 이 주장이 틀렸다고 주장할 수 있는 근거는 없다. 성장주의자들은 교회가 커지면 주의 일을 할 능력도 커지고, 교회가 작으면 일하기도 어렵고 주변에 폐를 끼칠 가능성도 크다고 한다. 큰 교회는 큰 교회만이 감당할 수 있는 미션이 있다는 것이다. 그러나 하나님의 교회를 일로 접근해서는 곤란하다. 가지 많은 나무에 바람 잘 날 없다고, 그 규모가 커지면 순수성을 지키기 위해 신경 써야 하는 것은 그보다 몇 배나 더 많아진다. 교회의 성장을 자기 의로 삼거나 과거의 노고를 생각해서 본전 생각을 하게 될 수도 있다.

주의 도를 전하여 제자들을 양성하고 열심히 선교해서 교회가 커지는 것을 문제 삼을 수는 없다. 하지만 교회가 일정 규모 이상으로 커지면 적잖은 문제를 낳게 된다. 교회의 공동체성이 약화되고 순수성이 희석되며, 성장 지상주의와 세속적 욕심이 개입해 교회의 본질을 해칠 가능성이 커진다. 이른바 교회세습 문제도 주로 대형 교회에서 발생하지 않는가. 또 대형 교회 주변의 작은 교회들은 고사할 가능성이 크다. 대형 교회를 섬기는 이들은 이를 시장원리로 설명하려 든다. 그러나 그것은, 스스로 자신들이 열심을 다해 섬기고 있는 교회가 비즈니스 마인드로 마케팅을 추구하며 하나님보다는 사람들의 마음을 얻는데 더 집착하고 있음을 간접적으로 인정하는 것이다. 2000년대 들어 한국 개신교의 교인수가 감소세로 돌아선 것도, 기존 교회에서 다른 교회로, 작은 교회에서 대형 교회로 교인들이 수평이동 하는 와중에 떨어져 나간 이유가 매우 큰 것으로 분석되고 있다.

교회의 성장이 좋은 이유는 그 힘이 더 커져서가 아니라 그만큼 섬김의 기회가 더 많아져서이다. 대형 교회는 순수성을 유지하기 위해 아무리 단속을 한다 해도, 하나님이 아니라 인간적 힘에 의지하려는 유혹에 무방비로 노출될 때가 많다. 로마 교회가 콘스탄티누스 황제의 회심 후 기독교가 권력과 부를 손에 넣으면서 오히려 이전의 생명력을 잃어버렸다는 사실은, 대부분의 기독교 역사가들이 증언하는 바다. '무력함의 힘'으로 복음을 전할 때는 오히려 힘이 있었는데, 돈과 권력이 개입하자 복음이 죽어버렸다. 아무 힘이 없었던 초대교회는 하나님을 의지함으로 참된 힘을 발휘했지만, 권력과 돈의 힘에 의지했던 중세교회는 타락의 길로 들어섰다. 그 타락은 결국 십자군 전쟁과 같은 끔찍한 잘못으로 이어졌다.

큰 교회 맛을 보게 되면 대형 교회를 추구하는 일에 가속도가 붙는다. 대형 교회가 되기 위한 마케팅 노력은 이미 전 세계에 만연해 있는 듯하다. 불과 1세기 전 미국에서 시작됐으나 이미 아시아 전역에도 이런 의식이 팽배해졌다. 그러면서, 흔히 말하는 '월마트교회'들이 생겨난다.

이미 주변에 교회가 여럿이 있는 지역에 휘황찬란한 대형 교회를 신축한다. 하나님 나라의 확장과 소외된 이웃과 교인들을 위해 사용되어야 할 비용을 신축 부지 구입과 건축에 쏟아 부으면서 주변 교회들을 고사시킨다. 이런 대형 교회가 들어서면 기존의 작은 교회는 문을 닫거나 울며 겨자먹기식으로 떠밀려서 다른 곳으로 이전하게 된다. 아직 성숙한 단계에 이르지 못한 교인들이 자녀교육을 위한 양질의 프로그램과 훌륭한 시설을 보고도 자유하기란 매우 어렵다. 그리고 이런 대형 교회는 본전을 뽑기 위해 또 다양한 방법을 통해 더 큰 교회가 되기 위한 작전에 돌입한다.

이런 교회에서 제공하는 다양한 프로그램들이 쏟아지지만, 기독교는 세상에서 점점 더 영향력을 잃어가는 현상을 어떻게 설명할 것인가. 그들은 지금 당장 없어도 하나님 나라에는 전혀 영향을 미치지 않는, 자기중심적인 교회 프로그램을 양산하고 있는 것은 아닌지.

대형 교회의 목회자는 거대한 규모를 유지하기 위해서 신앙의 본질과 관계된 결단이나 결정을 내리기가 매우 어렵다. 양적 성장을 목표로 앞만 보고 달려온 한국 대형 교회의 목사들에게서 예언적이면서 깊이 있는 영적, 사회적 통찰력을 기대하기는 힘들어 보인다. 현재 자신과 교회에 유리한 결과를 얻어내기 위해서라면 수단과 방법을 가리지 않고 선택하면서, 그 결과가 유익이 되면 하나님의 뜻이라고 막무가내로 해석한다. 교회 안에서 지도자들의 이런 생각과 행위, 의사결정들을 자연스럽게 보고 배운 성도들이 사회 안에서 똑같이 행동함으로써 그 결과, 개신교인들이 하는 행위가 일반인들이 가지고 있는 보편적인 상식과 도덕적인 기준에도 못 미치는 낯 뜨거운 일들이 비일비재하게 발생하고 있다. 그래서 많은 비그리스도인들이 한국 개신교인들을 가리켜 자신들만 생각하는 이기적이고 탐욕스런 사람들이라고 고개를 절레절레 흔들고, 이런 이유로 교회의 신뢰도는 날이 갈수록 추락하고 있다. 한국 교회는 양적 성장이라는 기치를 내걸고 하나님이라는 목적을 수단으로 전락시켜버린 죄를 범하였다는 것을 부인할 수 없다.

교회를 한마디로 정의하기는 매우 어렵지만, 모든 교회는 물질이 아니라 하나님만을 의지하고 하나님만을 추구하며 세상에 하나님 나라의 모형으로서 본을 보이면서 소외되고 어려운 사람들을 돌아보는 믿음의 공동체여야 한다. 그러나, 가난한 이웃은 하나님께 맡겨놓고 자신들은 숫자 늘리기 사업에 올인 하는 교회들을 하나님은 과연 어떻게 생각하실까. 주보에 나와 있는 선교단체와 사회봉사기관 몇 군데 지원하는 것으로 자신들의 할 일을 다 하고 있다고 생각하는 것일까.

성령이 살아 역사하시는 교회라면 반드시 성장할 것이라고 믿는다. 여기서 성장한다는 말은 '대형 교회가 된다'는 의미가 아니다. 바른 교회라면 반드시 성장할 것이나, 그것이 마케팅 요소를 적절히 활용하여 소비자를 끌어모으듯 인위적인 방법을 사용하는 것이 아니라, 성령께서 이끄시는 대로 이루어져야 할 것이다.

다시 한 번 강조하지만, 성령의 역사하심을 통해 말씀 가운데 질적으로 부흥하는 것을 부정하는 것은 아니다. 다만 교회가 대형화할수록 순수성을 지키기 어려워지고, 대형화에 수반되는 타락의 유혹에 더 많이 노출될 수밖에 없으므로, 양적 성장을 목표로 삼는 것이 위험함을 지적하고 싶을 뿐이다. 작은 교회라고 이런 위험이나 유혹에서 자유로운 것은 아니겠지만, 대형 교회가 직면하는 유혹은 이와 비교할 수 없을 만큼 강렬하다. 가장 큰 위험은 '힘의 유혹'이다. '힘이 없으면 주의 일도 할 수 없다'는 주장에 이르게 되면 그 타락의 속도는 더욱 빨라진다. 예수님도 광야에서 바로 이 '힘의 유혹'을 받으시곤 단호하게 거부하지 않으셨던가. 그렇다면 교회도 그리해야 한다.

오늘날 교회가 이토록 힘을 잃고 있는 이유가 무엇인가? 이 나라에 교회가 몇 만 개나 되는데도 사회는 조금도 나아지지 않고 오히려 더 악해지는 현상을 어떻게 봐야 할 것인가. 그나마 교회가 없었으면 세상이 더 나빠졌을 거라고 오히려 위로라도 해야 한단 말인가. 헌신하기를 원하는 그리스도의 제자들이 자꾸 줄어들고 있는 현상을 어떻게 해석해야 하는가. 자기 득실을 계산하면서 자기 본위로만 신앙생활 하는 사람들이 수만 명이 모인다 한들 그런 교회가 무슨 영적인 힘이 있겠는가.

영등포교회의 방지일 원로목사의 가르침은 지금 당장 우리에게 큰 메시지를 준다.

"사람이 많다고 교회가 커지는 게 아닙니다. 신앙이 커져야죠. 한 사람 한 사람이 하나님의 사람이 돼야 해요. 수만 명이 모이는 것보다 한 사람의 마음에 하나님이 계셔야 해요. 그런 사람이 필요하지 단지 많은 수가 필요한 것은 아닙니다."

교회의 외형적인 성장을 우려하는 목소리를 교회에 대한 탄압이라 여기면 곤란하다. 숫자에 집착한 조급증을 버리고, 경건생활을 방해하는 요소는 과감하게 포기하고, 더 센 힘을 가지려는 인간적 욕망을 잠재우고, 불건전한 기복신앙에서 벗어나야 주님 달리신 십자가와 이를 통한 구속, 구원받은 자로서의 성화의 과정이 가능할 것이다. 교회는 바로 이런 일에 집중해야 한다.

주님의 관심은 교회에 몇 만 명이 모이느냐가 아니다. 주님이 찾으시는 것은 자신의 모든 것을 주님 발 앞에 깨뜨린 마리아처럼 하나님에 대한 사랑으로 헌신하는 사람이다. 교회를 구성하는 개개인은 말씀이 들어오면 열매를 맺어야겠다는 간절한 소원을 가지고 하나님께 의지하고 모든 염려를 주께 맡기고 살아가야 한다. 그것이 또한 교회가 자라나는 법이다. 그렇게 되지 않고는 교회가 저절로 자라날 수가 없다. 교회에 아무리 사람이 많이 붙어도 그것으로 자라나는 것이 아니다. 교회는 그 교회를 형성하고 있는 교인 하나하나가 말씀을 받아야 하고, 그다음에는 말씀이 그들 속에서 착실하게 뿌리를 박고 자라나서 열매를 맺어야 한다. 이것이 교회에서 이루어져야 할 일이다. 단지 사람이 많이 모여 숫자만 불어나는 것이 교회가 자라는 것이 아니다. 교회는 단순히 전도만 하는 기관이 아니라 말씀을 먹고 자라나는 생명체이기 때문이다.

청파교회 김기석 목사는 『일상순례자』라는 책에서, '교인수가 늘어나고, 재정 규모가 커지고, 큰 교회를 짓고, 땅을 사고, 목사들이 배기량 큰 차를 타고 다니는 것을 교회 성장의 가시적 징표로 보는 태도는 악마의 유혹이다!'라고 주장한다. 진정한 교회 성장은 그리스도의 뜻을 온전히 알고 그 뜻을 따르는데 있다.

더는 이 땅의 교회를 통해 하나님의 마음을 아프게 하지 말고, 하나님께서 본디 교회를 이 땅에 두신 뜻대로 순수성을 지켜내야 한다. 교회의 주인은 하나님이시기 때문이다.

교회를 세습하다니

"하나님 앞에 깊이 잘못을 회개합니다. 신도들 가슴에 씻기 어려운 아픔과 상처를 줬습니다. 목회 경험이 없고 목사 기본 자질이 돼 있지 않은 아들을 무리하게 담임목사로 세운 것은 일생일대의 실수였습니다."

100세를 바라보던 김창인 서울 충현교회 원로목사가 몇 해 전 원로목사 모임에서 공식적으로 사과한 내용이다. 자신의 눈이 잠시 어두워져서 아들에게 교회를 물려준 것에 대해 뉘우치고 회개하였다.

교회의 세습은 한국 교회의 불치병 중의 불치병이다. 이 불치병을 치유하기 위해 기독교윤리실천운동, 교회개혁실천연대, 바른교회아카

데미 등이 함께하는 '교회세습반대운동연대(이하 세반연)'라는 단체가 출범했다. 세반연은 출범선언문에서 '부, 명예, 권력이 동반되는 담임목사직을 자녀나 자녀 배우자에게 세습하는 행위는, 아무리 그럴듯한 명분으로 포장하더라도, 안으로는 교회의 성경적 정체성을 파괴하고 밖으로는 교회의 선교적 사명을 방해하는 크나큰 사회적 일탈 행위'라고 비판했다. 공동대표를 맡은 김동호 목사는 '세습하는 교회는 죽지 않는데 한국 교회가 죽는다'며, '몰상식하다고밖에 할 수 없는 교회 세습이 개신교 쇠퇴의 큰 원인'이라고 강조했다.

세반연은 앞으로 교회 세습에 대한 인식을 묻는 여론조사와 각 교회의 세습 실태조사를 벌이는 것은 물론이고, 목회자 2세들을 대상으로 세습을 하지 않겠다는 서약을 받는 운동을 진행할 예정이다. 아울러 교회정관이 있는 교회들을 대상으로 정관에 세습금지 조항을 넣도록 촉구하고, 개별 교회의 세습에 대한 상담 및 대응 운동, 세습방지법 입법 운동 등도 추진할 예정이라 한다.

지금이라도 이런 단체가 생겨 교회의 세습에 강도 높은 대응책을 마련하는 것은 바람직하다고 볼 수 있지만, 그 정도가 이미 심각하다는 것을 반증하므로 안타깝기 그지없다.

교회 세습은 이미 북한의 3대 세습, 재벌의 편법 상속과 더불어 세상의 조롱거리가 된 지 오래다. 세습의 밑바탕에는 자기 자신과 자녀, 자신이 이룬 조직의 안정과 유지를 위한 이기적인 탐욕이 깔려 있다.

헌금도 제대로 걷히지 않는 가난한 시골이나 산간, 도서벽지 교회에서 세습이 문제 되는 경우는 들어본 적이 없다. 그런 경우라면 세습이라 부르지도 않을 것이고 대를 이어 고생하면서 목회를 하는 일을 오히려 반겨야 할 일로써 미담으로 전해질 것이다. 그러나 세습이 문제가 되는 것은 주로 교인 천 명이 넘는 중·대형 교회들로, 권력과 돈, 그리고 목회자의 욕심이 세습 대상이다. 그리고 세습의 장본인은 매우 유명한 목사들이다. 세습을 끝낸 교회의 절반 가까이는 전임목사가 개신교계의 대표적 연합기관인 한국기독교총연합회 대표회장이나 교단 총회장, 감리교 감독 출신이다. 개신교계에서 영향력이 큰 목사들이 세습 확산을 부채질하고 있다.

그러나 한국 사회에 적지 않은 영향력을 끼치던 그들의 탐욕으로 인해 한국 교회가 큰 상처를 입고 자신들도 추락하고 있다. 교회를 세습하는 목사들은 자신이 설립하고 오랜 세월 모진 고생을 통해 그만큼 이룩했다 하여 교회를 자신의 것으로 생각하고 있다. 처음 목회를 시작할 때는 물론 하나님에 대한 순수한 열정이 있었겠지만 점점 변한 것이다. 교인들에게 세상의 재리(財利)에 빠지지 말라고 가르치던 영적 스승들이 스스로 재리의 덫에 걸려 넘어지고 있다.

열심히 목회한 결과로 교회가 성장하여 웅장한 교회 건물을 짓고, 대기업 못지않은 재산을 축적하게 되면서 초심이 흔들리는 것이다. 자신의 피와 땀으로 키워낸 교회를 오랫동안 소유하고 싶어지고, 자신을 제왕처럼 떠받드는 교인들에 둘러싸여 자신도 모르게 대접받는 일에 익숙해지면, 모든 것을 훌훌 털고 떠나기가 아쉬울 것이다. 그러나, 우리의 스승이 되시고 우리가 닮아야 할 예수님은 한 번도 그런 생각을 가지신 적이 없다. 예수님처럼 모든 유혹을 뿌리치고 떠나야 할 때 미련 없이 떠나는 것이 진정한 영적 지도자다. 평생 일군 교회를 정당한

절차에 의해 후임 목사에게 인계하고 떠나 소박하게 여생을 보내는 원로목사의 모습은 그 어떤 명설교보다 더 큰 감동을 준다.

세습뿐만 아니라 은퇴 연한이 지났는데도 목사직에 미련을 갖고 물러나지 않는다든지, 오히려 목사의 정년을 없애는 것이 성경적이라는 해괴한 논리를 펴는 것은, 모두 목사직을 성직이 아니라 비즈니스로 생각하기 때문이다. 그래서 회사 오너 자리를 포기하기에는 그 권좌의 맛이 너무나 달콤해서 내려오지 않고 자식에게 세습까지 한다.

교회의 주인은 목사가 아니라 예수님이다. 목사가 아무리 설교를 잘하고 병 고치는 능력을 가졌다고 해도 그는 단지 예수님의 종일 뿐이다. 목사라면 처음에 누구나 가졌을 생각과 다짐, 즉 하나님의 뜻대로 살고 모든 것을 하나님께 바치겠노라는 마음을 끝까지 잊지 말아야 한다.

한국기독교교회협의회(NCCK) 회장에 취임한 김근상 대한성공회 의장주교는 이런 일이 모두 신앙이 없어서 생긴 일이라 일침을 가하며, 교회 세습에 대해 강하게 비판한다.

"신앙이 있으면 어떻게 교회가 세습화되고 사유화됩니까. 교회 공공성 붕괴는 신앙이 없어서 생긴 것입니다."

세습과 관련해서는 타 종교에서도 문제가 되고 있다. 불교 최대종파인 조계종에서는 주지가 아예 자녀가 상속하지 못하도록 공식화했다. 이 가운데 감리교는 세습방지법을 통과시켰다. 그러나 '카드를 돌려막듯이' 여러 편법을 동원하면 여전히 세습이 가능한 상황이다. 예를 들어 한 대형 교회는 목회자의 자녀나 자녀의 배우자가 교회를 연속해서 맡지 못하도록 해 놓았더니, 중간에 다른 목사를 잠깐 세웠다가, 다시 아들을 청빙하여 연속해서 맡지 못한다는 규정을 교묘히 빠져나갔다. 담임목회자의 자녀는 개척분립을 원칙으로 삼는 경우도 마찬가지다. 얼핏 들으면 세습을 원천적으로 봉쇄하는 것 같지만, 모 대형 교회의 아들이 다른 지역에 교회를 개척할 때 엄청난 재정적 지원을 한 사례를 보면 아주 교묘한 세습이었음을 알 수 있다. 교회 지도자가 '영적인 고수'가 아니라, '세상 꼼수의 고수'가 되어 버린 것이다.

많은 목회자들의 의식 저변에는 '성공적인 목회'에 대한 목표의식이 깔려 있다. 이것이 변질되어 처음 의도와는 다르게 '성공'에 대한 개념이 바뀐다. 모든 성공이 자신의 의(義)가 되며 결국, 교회가 자신의 것이라는 소유의식이 생기게 된다. 이런 주인의식이 너무 강하여 후임목사 자리를 자식에게 물려주려는 논리로 흐르게 된다. 요즘은 일반 사회에서도 자녀들에게 상속하지 않기, 유산 기부 운동 등이 전개되는데, 하물며 주의 종이라 자처하고 평생을 바친 목회자들이 사유재산도 아닌 주님의 교회를 마치 개인 재산인 양 대물림 하려는 것은 어떤 명분을 내세운다 해도 정당화될 수 없다. 아무리 별별 이유와 갖은 논리로 치장하더라도, 결국 그 논리 밑에는 추잡한 개인의 욕망이 도도하게 흐르고 있음을 부인할 수 없을 것이다.

교회를 물려받는 자식의 입장에서도 스스로 통제할 수 없는 돈이

나 권력 따위를 물려받는 것은 축복이 아니라 저주에 다름없다. 하나님의 계획을 무시하고, 부모의 성취를 그대로 물려주는 것은 하나님에 대한 모독이자, 자녀의 삶에 대해서도 모독이다. 여기서 청교도들의 청지기 의식이 필요하다. 아마 세습의 당사자인 목사 자신도 목회를 하는 동안 수없이 이 청지기 의식에 대해 설교했을 것이다. 자신이 가진 모든 것은 이 세상에 있는 동안 하나님 뜻에 맞게 올바로 쓰라고 맡겨 주신 것이고, 때가 되면 하나님께 돌려 드리는 것이다. 돈과 권력도 마찬가지다. 하물며 교회는 어떻겠는가. 자식에게 교회를 물려주는 것은 하나님과 자식 모두를 욕보이는 것이다. 그리고 자신이 평생 해왔던 설교를 모두 부정하는 것이다.

사회에서도 납득하지 못하는 교회 세습은 복음의 증인의 자세가 아니다. 입으로는 복음을 전하면서 삶으로는 복음의 정신을 정면으로 위반하는 것이다. 그럴수록 세상 사람들은 교회를 존경하기는커녕, 조롱하고 심지어는 걱정까지 해주는 지경에 이르게 된다.

세습반대 운동은 앞으로 세습의 유혹을 받게 될 많은 목회자들을 살려주는 것이다. 대형 교회를 일군 목회자는 성공한 것이고, 그렇지 못한 목회자는 실패한 것이 아니다. 큰 교회를 섬기면서도 하나님 뜻에서 벗어난 자들이 있고, 작고 소박하지만 하나님의 뜻에 부합하는 교회를 섬기는 자들도 있다. 그 판단은 오직 하나님만이 하실 일이다. 세속적 성공에 대한 집착에서 비롯된 대형 교회에 대한 환상과 환호를 버리고, 담임 목회자의 자녀는 아예 후임목회자 후보군에서 제외하는 단호함이 필요하다. 교회를 세습하는 일은 하나님께, 전체 기독교에,

그리고 세습의 당사자들 모두에게 해로운 일이다. 교회의 주인은 하나 님이시다.

스타 목사와 콘서트 예배

요즈음 '예배를 갱신하자'는 말을 많이 한다. 이것은 우리가 드리는 예배에 무언가 잘못된 것이 있기 때문이다. 예배가 병들었든지, 아니면 오염되었거나 세속화되었기 때문에 예배를 갱신해서 새롭게 하자는 것이다. 옥한흠 목사는 "요즈음 사람들이 교회를 떠나는 이유 역시 다른 데 있지 않습니다. 예배가 병들어서 그런 것입니다."라고 했다. 나는 옥 목사님의 이러한 생각에 깊이 동의한다.

오늘날의 조직 교회는 형식적인 측면에서 성대한 예배를 드린다. 하지만 그런 화려한 의식이 정작 예배의 대상인 하나님을 거스르는 쪽으로 변질되고 있다. 우리가 드리는 많은 예배들이 하나님은 뒷전으로 하고 순전히 우리 입맛에 맞는 형식으로 치우치고 있음을 의미하는 것이다.

김홍전 목사의 정의에 의하면, 예배는 '하나님께 대해 두려운 마음과 공경하는 마음을 가지고, 또 자기의 모든 것을 바치고 섬겨야 하겠다는 마음의 소원을 가지고 나아가서 절하는 것'이다. (『예배란 무엇인가』, 김홍전, 1987, 성약, 75쪽)

예배는 청중들이 관객이 아니라 하나님이 관객이시다. 그러므로 '예배를 본다'는 의미보다는 '예배를 드린다'고 해야 올바른 표현이다. 예배의 주인공이 우리가 아니라 하나님이라는 것을 깨닫는 것은 예배의 본질을 이해하는데 있어서 매우 중요하다. 우리가 예배를 마치고 떠날 때 우리가 해야 할 질문은 '내가 무엇을 얻었는가'가 아니라 '하나님이 기뻐하셨는가'가 되어야 한다.

진정한 예배는 무식하지 않다. 우리가 예배를 드리는 대상인 하나님이 어떤 분이신지를 바로 알고 드려야 한다는 의미이다. 하나님이 누구신지, 왜 하나님을 예배해야 하는지, 하나님이 기뻐하시는 예배가 무엇인지 이런 문제에 대답할 수 있는 지식이 있어야 하나님을 올바로 예배할 수 있다. 존 스토트 목사는 그의 저서에서 이렇게 강변한다.

우리에게는 전능하신 하나님의 위대하심과 영광에 대한 의식이 거의 없는 것 같다. 우리는 건방지고 자존심이 센 경향이 있다. 우리는 예배를 준비하는 수고를 거의 하지 않는다. 그 결과 우리의 예배는 때때로 꾀죄죄하고, 기계적이고, 피상적이고, 따분하다. 그런가 하면 경솔하다 못해 불경한 지경에 이르기도 한다. (『살아있는 교회』, 존 스토트, 2009, IVP, 52쪽)

우리는 주일에 교회에 나와서 많은 일을 하고 많은 사람을 만난다. 그러나 주객이 전도되는 일은 허용해서는 안 된다. 필립 얀시는 '교회가 존재하는 주된 이유는 즐거움을 제공하거나 약한 모습을 받아 주거나 자존감을 세워 주거나 우정을 돈독하게 하는 것이 아니고, 하나님을 예배하는 것이다. 그 일에 실패하면 교회는 실패하는 것이다'라고 했다. 주일에 교회에 와서 여러 행사와 성도 간의 교제를 부정하거나 우습게 여기는 것이 아니라, 이런 것들이 예배보다 우선시 되거나 예배를 훼손하면 안 된다는 것이다. 그리고 예배를 드릴 때도 예배 본연의 정신을 망각하지 말고, 인간적인 나쁜 습성이 개입하지 않도록 주의를 기울여야 한다. 개혁신학의 젊은 기수 마이클 호튼 목사는 이렇게 경고한다.

흔히 우리의 예배는 하나님께 대한 경배라기보다는 차라리 사람의 마음을 끌기 위한 흥미거리에 가깝다. 설교가 하나님의 속성과 그분의 위엄보다 우리 자신의 행복에 초점을 맞출 때, 우리는 설교자, 성가대, 솔리스트, 경배를 위한 초청 게스트들의 기교를 수동적으로 즐기고 받으려고 출석한다. 하지만 나는 이런 식으로 공적 예배에 참석하는 것은 인간 중심적인 신학의 방향성을 드러내는 것이라고 생각한다. 물론 다양한 경배의 방식이 존재한다는 것은 당연한 것이며, 나 또한 하나님께 감사하는 예배보다 장례식에나 어울림직한 스타일을 제안하려는 것은 결코 아니다. 만일 우리가 참으로 성경에서 묘사하고 있는 이 하나님을 다시 찾게 된다면, 인간의 흥미를 끌기 위한 장치도 필요치 않을 것이며, 감격과 열망도 인위적인 방식으로 고취되지 않을 것이다. (『복음이란

무엇인가』, 마이클 호튼, 2004, 부흥과개혁사, 126~127쪽)

예배가 늘 고리타분하고 졸음이 쏟아져야만 경건한 것은 아니다. 재미없는 예배가 좋은 예배는 아니다. 그렇다고 재미있다고 좋은 예배라고 할 수 있는 것도 아니다. 사람이 재미를 느끼는 것이 중요한 것이 아니라, 얼마나 하나님께 집중하고 하나님을 높여드리고 있는가가 중요하다. 예배는 그 대상과 목적이 사람이 아니고 하나님이기 때문이다. 보수적인 교회에서 예배 도중 개인이 하이라이트를 받게 하거나 찬양, 특송이 끝나도 박수를 자제하는 것도 이러한 이유 때문이다. 예배는 기쁨에 넘치면서도 경건해야 한다. 장례식 같아서도, 경박해서도 안 된다. 오늘날 우리의 기독교 예배는 초대교회처럼 이러한 성경적 균형을 회복해야 한다. 예배의 대상이 되시는 하나님이 어떤 분이신지 바로 알고 있다면 이런 우를 범하지 않을 것이다.

설교가 예배의 중요한 요소가 되는 이유가 여기에 있다. 설교는 하나님이 누구신가를 가르쳐주는 것이어야 한다. 설교는 하나님의 뜻을 보여주어야 한다. 설교는 어두운 사람들의 마음을 깨우쳐서 깨닫게 해야 한다. 이런 의미에서 설교는 예배의 요소 중에 지성소와 같다고 할 수 있다.

물론 설교는 예배 자체가 아니고 일부분이다. 그러나 현실적으로 많은 사람들이 설교자를 보고 교회를 정하고 예배에 나온다. 그렇지만 예수를 전혀 모르는 사람이나 초신자라면 모를까, 신앙생활을 수십 년 한 사람들이 설교가 예배를 드리는 목적인 것처럼 교회에 나오니 문제이다. 그렇게 되면 유명한 설교자가 하나님의 자리에 서기 쉽다. 그리고 청중들로부터 '은혜받았다'는 표현을 듣기 위해 성경에 전혀 나와 있지도 않은 내용을 마음대로 섞어가며 청중들의 마음을 흔들어 놓는다. 그러나 올바른 설교자는 청중의 규모에 상관없이, 설교 후 자신이 얻게 될 명성과 상관없이, 하나님의 말씀을 있는 그대로 잘 전해야 하고, 예배의 가장 중요한 요소 중 하나인 설교를 통해 청중들이 하나님을 온전히 깨닫도록 해야 한다. 그리고 하나님 뜻에 합당한 설교자일수록 더욱 이렇게 가르쳐야 한다. "여러분, 저를 위해 교회에 오시면 안 됩니다. 제 설교를 듣기 위해 교회에 오시는 것은 위험합니다. 하나님 앞에 예배하기 위해 오셔야 합니다."

하나님을 기쁘게 하는 예배에는 또 하나의 중요한 특성이 있다. 참된 예배는 도덕적 예배로서, 우리의 마음속에 있는 것을 표현할 뿐만 아니라 올바른 삶을 수반해야 한다. 사무엘은 사울왕에게 이것을 분명히 표현했다

여호와께서 번제와 다른 제사를 그의 목소리를 청종하는 것을 좋아하심 같이 좋아하시겠나이까 순종이 제사보다 낫고 듣는 것이 숫양의 기름보다 나으니 (삼상 15:22)

이는 로마서 12장에서 언급하고 있는 '영적 예배'로도 잘 설명 된다. 바울은 교회 건물에서뿐만 아니라 가정과 일터에서도 드러나는 예배에 대해 생각하고 있었음이 분명하다. 둘 중 어느 하나만 있다면 그것은 균형 잡히지 않은 예배이다. 일상생활 속에서 하나님을 온전히 예

배하지 못하는 사람이 주일 예배에 나와서 신령과 진정으로 예배드리리는 만무하다. 겉이 아니라 중심을 보시는 하나님은 우리의 겉모습이 아무리 경건해 보여도 그 속마음을 보시고 예배를 받으신다. 평소의 삶에서는 하나님과 전혀 상관없이 동떨어진 삶을 살다가 주일 예배만 열심히 드리면 된다는 생각은 하나님을 속이려는 생각이다.

하나님을 믿는다고 하지만 하나님을 하나님으로 알지 못하는 사람들은 하나님이 계신다 하더라도 그분을 이용해서 내 복리를 증진하고 내 행복을 더 보태려고 한다. 예수를 오래 믿은 사람도 그렇게 하나님을 이용하려는 경우가 많다. 열심히 기도는 하지만 결국 기도의 목적은 액땜이나 하여 자기가 잘 살게 되고, 괴로움을 면해서 평안하게 살자는 것이다. 신자라는 사람들 가운데에는 이렇게 하나님을 하나님으로 알지 못하고, 또 바르게 공경하지 못하는 사람들도 적지 않다. 이런 사람들은 하나님을 바르게 예배하지 못한다. 예배를 바로 드리려면 하나님을 하나님으로 알아야 한다.

구약 성경에서 성막과 성전의 예배 규정에 할애된 지면은 신약 성경에서 예수님의 생애에 할애된 지면과 거의 맞먹는다. 전체적으로 성경은 하나님을 기쁘게 하는 삶을 분명하게 강조하고 있고, 예배의 핵심도 결국 그것이다. 하나님이 무언가 부족해서 우리에게 받으시기를 원하시는 것이 아니다. 하나님의 입장은 '너희 외양간의 황소도 우리의 염소도 나에게는 필요 없다. 숲 속의 짐승과 야산의 소 떼가 다 내 것이다'라는 것이다.

하나님은 우리의 일생, 전체를 다 드려서 섬겨야 할 분이다. 그러니 하나님께 경배하고 그분만 섬겨야 한다. '내가 내 일생을 다 드려서 섬겨도 나의 정성은 끝없이 부족하다. 그렇게 섬긴다 해도 그분은 다 함이 없는 분이시다' 이렇게 생각해야 한다. 예배는 우리가 무엇을 받아 오는 것이 아니라, 이 세상을 창조하시고 죄악 가운데 우리를 구원하시며 영원한 생명을 허락하신 하나님께 감사함으로 우리의 모든 것을 모두 드리는 것이다. 예배의 주인공은 하나님이시다.

주 너의 하나님께 경배하고 다만 그를 섬기라 (마 4:10)

자격미달 목회자들의 '내가복음'

운전을 하다 보면 '저런 사람은 운전 자격을 박탈하거나, 제대로 된 교육을 다시 시켰으면' 하는 운전자가 있다. 운전을 제대로 배우지 못했거나 자격 미달인 사람들이 도로를 활보하는 동안, 차량 운행 질서가 교란되고 교통 흐름이 꼬여, 각종 교통사고를 유발하고, 종종 대형 참사로 이어진다.

이처럼 자격이 미달되어도 한참 미달인, 오히려 기독교적이지도 않은 목회자들이 양산되고 있다. 신학교에서 제대로 된 목회자들을 양성하지 못하기 때문에, 이 땅에는 목회를 하면 곤란한 사역자들이 자격증을 받고 나와 마음대로 목회를 하는 경우가 많다. 이들이 운영하는 많은 교회들이 비록 교회의 간판을 내걸었지만, 함량 미달은 물론이고 도무지 기독교적이지도 않은 방향으로 운영되고 있다. 그리고 이런 일들이 전체 기독교계에 미치는 피해는 엄청나다.

사람은 누구나 완벽하지는 않아서 실수할 수도 있다. 그러나 조금 부족한 것과 완전 방향과 생각이 다른 것은 그 차이가 크다. 선포되는 말씀과 그 성도들의 삶이 복음적이지 못한 교회는 아예 교회라는 이름을 내걸지 못하도록 해야 한다. 그들이 전하는 복음에 능력이 있을 리가 없고, 온갖 무리한 방법을 동원해 교세확장에만 힘쓰며, 그 구성원들은 각자의 삶 속에서 각종 물의를 일으키며 하나님의 전체 교회를 욕먹게 한다.

목회자는 하나님의 부르심에 기꺼이 응답한 사람들이어야 한다. 그러나 현실은 그렇지 않은 경우가 많다. 나는 학력고사 세대로, 당시 대학입시는 전기와 후기로 나뉘어 지원할 수 있었다. 그런데 한국을 대표하는 신학대학교가 전기가 아니라 후기에 속해 있었다. 게다가 점수도 다른 대학에 비해 그다지 높지 않았다. 당시 신학대학교에 진학하는 사람들 중 '전기 떨어지면 하나님의 뜻으로 알고 신학교나 가지 뭐'라고 생각하는 사람들이 상당수 있었다. 머리가 좋은 것과 영성이 뛰어난 것이 항상 일치하는 것은 아니다. 그러나 '하다 안되면 신학교나 가지 뭐'라고 생각하는 사람들이 성경의 심오한 진리를 바르게 깨닫고, 세상 속에서 하나님의 진리를 발견하여 성도들을 가르치는 것은 쉬운 일이 아니다.

신학교가 대학입시에 실패한 사람들, 사업에 실패하여 이것저것 다 해보다 모두 길을 잃은 사람들, 은퇴한 사람들의 도피처로 인식되어서는 안 될 일이다. 아무나 목회자가 되어서는 안 된다. 단순히 하나의 직업으로 인식하는 것이 아니라, 부르심을 받고 최고의 영성과 지성을 겸비한 사람들이 하나님의 말씀을 깊이 있게 연구하고 깨달은 후, 그것을 올바르게 전해야 한다. 많이 배우지 못했어도 뛰어난 영성으로 훌륭하게 목회하는 목회자들도 많이 있지만 일반적이지는 않다. 함량 미달인 목회자 배출을 통해 하나님의 말씀을 제대로 깨닫지 못하고 엉뚱한 방향으로 이해하여 자기 마음대로 쏟아 놓는 '내가복음'을 양산해 기독교 질서를 어지럽히고, 급기야는 뒤틀려진 기독교를 만드는 일은 중단되어야 한다.

한 신학교 총장과 대화를 나누다 요즘 전도사들의 함량이 왜 많이 미달 되는지, 신학교의 커리큘럼과 교육 내용에 문제가 있는 것 아닌지 묻자, 그분은 엄청나게 힘 빠지는 대답을 하였다. 요즘은 아예 입학생들의 수준 자체가 많이 떨어진다는 것이었다. 그런 학생들을 왜 입학시키는가 물어보자 '그렇지 않으면 신입생 수가 적어 학교 운영이 어렵다'고 말했다. 학교 운영이 어려운 것은 알겠으나 그렇다고 아무나 입학시킨다면 한국 기독교의 미래가 어디에 있겠는가. 그런 신학교는 영성 있는 교회 지도자를 양성하기는커녕 기독교에 심각한 해를 입힌다. 입학하지도 않은 외국학생들을 입학한 것처럼 꾸며 등록금을 받아 학위장사를 하면서 운영하는 불법 신학교들이 자꾸 뉴스를 장식하는 것도 다 어려운 재정 때문에 벌어진 일들 아니겠는가.

한동안 한국 교회에 이성적 깨달음을 통한 신학과 신학적 통찰을 경시하고, 개인의 영적 체험을 중요시하는 경향이 있어 왔다. 실제 많은 신학대학생들은 졸업과 동시에 학교에서 배운 것은 모두 쓰레기통에 던져버리고, 진짜 목회는 현장 경험을 통해 배우는 것으로 생각하고, 일부 신학교에서도 아예 그렇게 가르친다고 한다. 신학을 더 많이 배우는 것과 목회를 잘하는 것은 별개라고 주장하면서도, 정작 자신들은 외국에서 목회학 박사를 취득해야 체면이 선다는 이중적 태도를 보인다. 그러나 제대로 조사하면 깜짝 놀랄 만큼 많은 목회자들의 논문에서 표절이 발견될 것이고, 해외에서 취득한 학위도 정식 인증이 어려운 경우가 많을 것이다.

물론, 저명한 정통 신학교에서는 성경에 나와 있는 하나님의 섭리를 책상에서뿐 아니라 실제 목회현장을 통해 경험하라는 의미에서 '여기서 배운 것은 다 잊어라'라고 하는데, 본래의 의도와는 다르게 신학생들은 정말 기본 진리까지 다 잊어버리는 것 같다. 그리고 더 비관적인 것은, 신학교를 졸업한 목회자들 입에서도 '신학교에서는 성경을 가르치지 않는다'는 말이 공공연히 떠도는 실정이다.

한국에서 운영되는 320여 개의 신학교 중 단지 40여 개만이 교육인적자원부의 정식 인가를 받은 학교라고 한다. 그렇다면 얼핏 계산해도, 현재 활동하고 있는 목회자들의 절반 이상은 인가를 받지 못한 신학교 출신이라는 것이다. 그런 신학교들이 제대로 된 신학교수들을 확보하고 있을 리 만무하고, 대형교단의 지원을 받지 못하면 재정적인 압박을 받을 가능성이 높다.

대형 교회들을 끼고 있는 몇몇 신학교를 제외한 많은 신학교가 운

영상의 어려움을 겪으며 학생수를 확보하기 위해, 목회자가 되기 위한 소명의식, 동기, 인성, 성장 과정, 비전 등을 보지 않고, 서류만 잘 갖추고 등록금을 낼 형편이 되면 입학을 시키는 것이 문제다. 이렇게 양성된 목회자의 질적 저하가 한국 기독교 수준을 하락시키는데 일조하고 있다.

목회자들의 질적 저하는 예배의 가장 중요한 부분을 차지하는 설교로 고스란히 이어진다. 내가 어렸을 때만 해도 목사님들은 자료를 직접 정리해서 설교안을 친필로 적어 그때그때 사용하였지만, 요즘은 한 번 타이핑을 해서 자료를 가지고 있으면 거기에 가감을 해서 몇 번이고 반복해서 사용한다. 게다가 참고 자료나 다른 유명한 목사들의 설교도 인터넷을 통해서 쉽게 구할 수 있어서 목회자들이 설교 준비에 많은 노력을 기울이지 않아도 문제 될 것이 없는 시대가 되었다.

한 지인은 자신이 다니는 교회의 담임목사가 너무 많은 자료를 인용하여 짜깁기 식으로 설교하는 통에, 교인들의 불만이 커지고 있다고 말했다. 그래서 설교 내용이 얼마나 카피되었는지 인터넷프로그램을 통해 검사해봤더니 무려 80%가 넘는 일치율이 나왔다. 예를 들어, 유명 목사님이 부친상을 당한 심정을 표현한 문장을 토씨 하나 바꾸지 않고 설교에 인용하면서, 마치 자신이 겪은 일인 양 한다는 것이다. 정식 당회를 거쳐 이 문제를 제기하였는데 담임목사의 대답이 걸작이었다. 그것은 설교에 대한 인식 차이이고, 자신이 그렇게 설교해도 예배에 참석한 사람들이 은혜만 받으면 아무 문제도 없다는 입장이었다. 세상의 기준으로는 한 문장만 일치해도 논문이 표절로 판정되고 장관에서도 낙마하고, 학위도 포기해야 하는 잣대를 사용하고 있는데, 오히려 교회의 목사는 이런 기본적인 도덕성조차 지니지 못한 경우가 많다. 홍수에 마실 물 없다고, 말씀의 홍수 시대에 정작 들을 만한 말은 많지 않은 씁쓸한 현실이다.

목회자에게 있어 설교라는 것은 하나님께서 자신에게 주시는 말씀을 한 주간 깊이 묵상하는 가운데 깨달은 말씀을 성도들에게 전하는 것으로, 학교 강의와는 분명히 다르다. 그러나 유명한 목사들의 설교와 명언, 책 문구 등을 짜깁기해 매주 30분 정도 강의하듯 때우고, 목사님의 말은 무조건 하나님의 뜻이라고 인식하도록 길들여진 성도들은 아멘으로 화답하는 그림이 점점 보편화되어 가고 있다. 그러나 이런 설교에 무슨 생명이 있을까. 이런 설교의 특징은 흐릿하고, 모호하며, 애매하고, 불분명하다.

이 시대의 사역자들은 하나님과의 깊고 친밀한 교제 가운데 말씀을 통해 하나님의 음성을 듣고 하나님의 역사를 현실 속에서 목격해야 한다. 그렇지 못하면 자기 소견에 옳은 대로 말하게 된다. 자기 말을 하면서 그것이 하나님의 말씀이라고 억지를 부리게 된다.

진정한 기독교 설교는 성경 본문에 충실하면서도 현대의 상황에 민감한 방식으로 본문을 상황과 연결한다. 존 스토트가 그의 책『살아있는 교회』에서, '복음주의자들은 성경적이지만 동시대적이지 않고, 자유주의자들은 동시대적이지만 성경적이지 않다'고 하면서 '진정한 설교는 성경과 현실 사이에 다리를 놓는 작업이다'고 한 이유가 바로 이 때문이다. 설교에는 하나님과의 친밀한 교제와 깊은 묵상, 그리고 성경과 동시대를 연결하는 통찰력이 반영되어야 한다.

설교는 예배의 중심과 깊이를 결정한다. 설교가 인간 중심적으로 흘러간다면, 그 예배는 사람의 흥미를 끄는 쇼로 전락하고 말 것이다. 설교가 피상적이고 천박하다면, 그 예배는 그것을 그대로 드러낼 것이다. (『복음이란 무엇인가』, 마이클 호튼, 부흥과개혁사, 127쪽)

한번은 내가 섬기는 교회의 담임 목사님이 설교를 시작하면서 고백을 했었다. 일주일 내내 준비한 설교 원고를 깜박 집에 두고 왔다는 것이었다. 아침에 와서 기도할 시간을 포기하고라도 다시 집에 가서 가져올까 고민하다가, 하나님의 말씀을 전하는 것은 원고에 의존하는 것이 아니라 하나님께 전적으로 의존하는 것으로 생각해 일주일간 하나님께서 주신 말씀에 관한 내용으로 설교를 이어갔다. 그리고 담임 목사님은 설교를 위해 일주일 내내 하나님의 말씀과 씨름하면서 잠도 제대로 주무시지 못하고 준비하시는 것을 잘 알고 있는 나를 포함한 우리 교회 성도들은 그 어느 때보다 더 큰 감동을 받았다. 하나님께서 목사님을 통해 자신의 뜻을 우리에게 말씀하시는 순간이었다.

목회자들은 일반 사람보다 더 거룩한 삶을 살아야 함은 물론이다. 거룩하다는 것은 윤리적인 것보다 더 높은 가치를 의미한다. 그러나 거룩한 삶을 가르치고 모범을 보여야 할 목회자들이 일반인들의 윤리 의식보다 낮은 수준을 보이니 안타깝기 그지없다. 교단이나 노회

차원에서 높은 수준의 윤리 기준과 제어장치를 마련할 필요가 있어 보이지만, 다 같은 편이고 그 나물에 그 밥이라는 말이 적용될 정도로 서로 간의 '사역자답지 못함'에 대해 눈감아 주고 있는 현실에 한숨이 절로 나온다. 사역자다운 사역자가 그 어느 때보다 절실히 필요한 요즘이다. 사역자들이 드러내야 하는 것은 자신이 아니라 거룩하신 하나님이다.

4부

교인이 바뀌어야 교회가 산다

너희가 욕심을 내어도 얻지 못하여 살인하며 시기하여도 능히 취하지 못하므로 다투고 싸우는도다 너희가 얻지 못함은 구하지 아니하기 때문이요 구하여도 받지 못함은 정욕으로 쓰려고 잘못 구하기 때문이라 (야고보서 4:2~3)

너희는 먼저 그의 나라와 그의 의를 구하라 그리하면 이 모든 것을 너희에게 더하시리라 (마태복음 6:33)

교회의 가장 큰 적

얼마 전 대한민국 최고의 지성 중 한 명인 이어령 교수의 회심 소식이 기독교인들에게 큰 기쁨을 안겨주었다. 누구보다 논리적으로 삶의 고백을 수반한 그의 신앙고백은 많은 이들에게 큰 감동을 주었다. 자신을 위해 계속 기도하고, 어려운 상황에서도 하나님을 반듯하게 섬긴 딸의 영향도 컸던 것 같다. 그는 저서 『지성에서 영성으로』에서 그동안 자신이 하나님을 믿지 않았던 이유를 다음과 같이 설명한다.

"지난날 내가 교회에 가지 않았던 이유는 겉으로 보이는 교회의 모습이 내가 생각하는 예수님의 가르침과 달랐기 때문입니다."

비록 한 사람의 주관적 시각이지만, 지금 교회가 교회의 역할을 제대로 감당하지 못하고, 기독교인들의 삶이 하나님의 가르침과 많이 벗어나 있다는 사실은 부인하기 어렵다. 교회에 나온다고 해서 모두 하나님을 온전히 믿고 있는 것은 아니다. 예수님을 진심으로 믿는다면 그분의 가르침대로 살아야 하나, 그분에 대한 신앙은 더 풍요로운 삶의 액세서리 정도로 여기고, 정작 우리의 일상은 하나님의 사랑에 누가 되는 경우가 얼마나 많은가. 이어령 교수는 하나님을 예배하는 것이 아니라 하나님을 자기 목적에 맞게 쓰려고 하는 불경한 것들이 너무 많이 보였고, 자신도 그중 하나였다고 고백한다.

기독교인들이 하나님의 뜻대로 온전히 살기 위해서는 먼저 그 뜻이 무엇인지 알아야 한다. 그리고 예수님을 통한 하나님의 계획과 사랑을 온전히 믿어야 한다. 그러나 자신의 종교란에 '기독교'라고 적는 사람들이 모두 이런 신앙을 가지고 있지는 않은 것 같다. 이는 분명 교회에서 제대로 가르치지 못하고 있기 때문이며, 심지어는 하나님의 말씀을 가르치는 설교자들의 신앙에도 많은 문제가 있어 보인다.

1988년에 미국의 기독교 출판사인 하비스트하우스에서 『설교 강단의 약탈자』라는 이상한 제목을 붙인 책을 광고하면서 이런 내용을 실은 적이 있다.

'일단의 목사 그룹을 설문 조사한 결과, 그 가운데 60%가 예수님이 동정녀 마리아에게서 탄생하셨다는 것을 믿지 않았다.'

예수님이 처녀의 몸에서 탄생했다는 것을 믿지 않는다고 하면, 예수님이 하나님이심을 부정한다는 이야기이다. 또 어느 교단을 대상으로 설문 조사한 결과, 35%의 목사들이 예수님께서 죽음을 이기시고 육체로 부활하신 것을 믿지 않는다고 보고되었다. 예수님의 부활을 믿지 않는 것은 예수님이 하나님이 아니라고 선언하는 것이다. 심지어 어느 교단에서는 82%, 또 어떤 그룹에서는 95%의 목사들이 성경이 하나님의 말씀인 것을 믿지 않는다는 결과가 보고되었다.

이 광고를 낸 빌립 캘러는 이렇게 결론을 내렸다.

"오늘날 예수 그리스도 교회의 가장 큰 위험은 외부로부터가 아니라, 내부에 있는 교회의 지도자들에게서 온다. 예수님이 하나님의 아들이심을 믿지 않는 지도자들에게서 온다."

지도자들이 예수님이 하나님의 아들이심을 믿지 않는데, 그렇게 가르치지 않을 것은 불을 보듯 뻔한 일이다.

개인적으로 친분이 있는 한 목사님과 식사 도중 들은 이야기이다. 얼마 전 자신이 속한 교단 노회의 총회에 참석했는데 안건 중 하나가 한 목사의 퇴임 여부를 결정짓는 일이었다. 자신과 친분이 있는 후배 목사라 매우 놀랐는데, 그 이유를 듣고는 더 크게 놀라지 않을 수 없었다고 한다. 그 목사는 예수님이 죽음 가운데 부활하셨다는 사실이 도무지 믿어지지 않고, 그래서 더 이상 목사직을 수행하기 어려우므로 사임 의사를 표명했다는 것이다. 기독교의 핵심 진리가 믿어지지 않는다면, 목사직을 수행해서는 안 되는 것이 당연하다. 그런데 더욱 놀라운 것은, 개인적으로 대화를 나누다 보면 목사 중에서 이런 믿음이 없는 경우가 왕왕 있다는 것이다. 자신은 제대로 된 기독교 신앙을 가지고 있지 않지만, 생활을 위한 직업으로 목사직을 수행하고 있다. 그래도 사임 의사를 표명한 그 목사의 경우는, 자신이 믿어지지 않는 것을 가르칠 수 없다고 고백했으니 그나마 정직한 것이다.

제대로 된 신앙을 갖추지 못한 목회자가 섬기는 교회의 신도들이 제대로 된 신앙을 가지기는 매우 어려워 보인다. 그래도 말씀의 능력으로 제대로 깨닫게 되는 성령의 역사가 일어나길 기대할 뿐이다.

그러나 미국의 경우를 살펴보면 고무적인 현상이 보인다. 지도자들 중에 이렇게 잘못된 사람들이 있는가 하면, 평신도들 가운데 오히려 중심을 잡는 사람들이 적지 않다. 1988년까지 20년 동안 미국에서 자유주의 신학에 물들어 예수님이 하나님이심을 믿지 않는 지도자들 밑에 있던 신자들 중 180만 명이 그 교회를 빠져나갔다고 한다. 그리고는 예수님이 하나님이심을 증거 하는 교회로 들어갔다는 것이다. (참조, 옥한흠 『요한이 전한 복음II』, 국제제자훈련원)

씨알평화 상임이사를 맡은 김진 목사는 TV프로그램인 '100분 토론'의 형식을 빌린 그의 책 『왜 기독교인은 예수를 믿지 않을까』라는 도발적인 제목의 책을 통해 현실 기독교의 문제점을 적나라하게 비판하고 대안을 고민한다. 책의 제목 자체부터가 기독교인들에게 불쾌감을 줄지는 모르지만, 예수님을 도둑맞은 기독교, 예수님을 팔아먹은 장사꾼으로 변해버린 목사, 새로운 장사 소굴로 변한 교회를 그냥 지나쳐서는 안 된다고 주장한다. 물론 비판을 하더라도 중심을 잃지 말아야 한다. 대안 없는 비판이 오히려 회의적인 신앙인을 만들고 기독교를 더 어렵게 만든다는 주장도 일리는 있다. 그러나 교회에서 사명, 헌신,

섬김이 실종되고 예수가 설교에서 소외된 채 목사만 주목받고 있다는 격론을 통해 마땅히 반성해야 할 많은 내용을 신랄하게 다루고 있다. 결론은, 토론자들이 무조건적인 강요에 의한 믿음보다는, '예수에 대한 믿음'과 진리인 하나님의 말씀을 믿고 따른 '예수님의 믿음'이 하나로 통합돼야 한다는 데로 모아진다. 그분이 주장하는 종교 다원주의 노선은 공감하기 어렵지만, 책에서 다루는 내용의 상당 부분엔 동의하지 않을 수 없다.

교회 다니는 사람들 중에서도 예수님을 믿지 않는 사람들이 분명히 있다. '예수님이 하나님이시다', '예수님이 죽음 가운데서 부활하셨다', '예수님만이 유일한 구원의 길이다'라고 하면 체한 것처럼 속이 불편하고, 기분이 안 좋은 사람들이 있다. 옥한흠 목사는 이런 사람들은 분명 믿음에 문제가 있다고 단언한다.

우리는 '은혜받았다'라는 말을 참 자주 사용한다. '은혜의 수단들은 너무 많이 있으니 여러분도 그 은혜의 풍성함 속으로 들어가야 합니다'라는 말은 수많은 수련회, 부흥집회, 찬양집회, 단기선교 등에서 들을 수 있다. 그러나 예수님과 별 상관이 없어도 분위기에 휩쓸리면 누구라도 자신이 은혜받은 것처럼 느낄 수가 있다. 그리고 뿌듯한 마음으로 집으로 돌아올 것이다. 마치 좋은 영화를 보거나 자신이 좋아하는 가수의 콘서트를 보고 와서 느낀 감동을 '은혜받았다'고 표현하는 것과 마찬가지이다.

그러나 '은혜'라는 말은 예수님을 통하지 않으면 도무지 설명될 방법이 없다. 그저 마음에 감동을 받은 수준이 아닌 것이다. 마땅히 죽어야 할 죄인들을 위해 하나님이신 예수님이 친히 인간의 모습으로 오셔서 죽으시고, 우리의 죄 문제를 모두 해결하시어 우리에게 영원한 생명을 허락하신 예수님을 통하지 않고는 은혜라는 말이 제대로 표현될 수 없다. 우리가 여러 다양한 감정을 느낄 수 있지만, 그것이 예수님에 대한 것이 아니라면, 예수님에 대한 강조가 없다면, 하나님을 믿는 것이 아니라 단지 기독교라는 종교 활동을 하는데 지나지 않는다. 기독교인은 예수님과 그에 관한 하나님의 모든 계획과 사랑을 믿는 사람들이다. 오늘날 이런 믿음을 지닌 기독교인들보다, 단지 일요일에 교회라고 써 붙인 건물에 다녀오고 스스로 기독교인이라고 생각하는 종교 활동을 하는 사람들이 더 늘어나는 것은 매우 심각한 문제이다. 우리에게 온전한 믿음을 주시는 분은 하나님이시다. 우리가 믿고 따라야 할 분은 오직 하나님 한 분이시다.

하나님을 산타클로스로 만드는 기도

"한국 교회에 와 보니 모든 성도 대부분 배에 기름이 줄줄 흐르도록 받은 것이 너무 많은데도 이상하게 기도할 때 엎드리기만 하면 하나님한테 뭘 그렇게 많이 맡겨 놓은 것이 있는지 '주여, 주시옵소서' 하고 날마다 달라고만 합니다. 중국 성도들은 그렇게 환난과 핍박을 받으면서 신앙생활을 해도 무엇을 달라고 기도하지 않습니다. '하나님, 우리에게 구원을 주신 것을 감사합니다. 우리를 들어 사용해 주시옵소서. 우리가 주님을 위해 살게 해주옵소서'하고 기도하지, 무엇을 달라는 기도는 하지 않습니다."

옥한흠 목사가 그의 저서 『요한이 전한 복음』에서 소개한 중국 조선족 박은혜 전도사와의 대화내용이다. 박 전도사는 '교회에 오면 날마다 달라고만 하면서 자기중심적으로 신앙생활 하는 사람들이 진짜 믿음을 가진 사람들이겠느냐'는 뼈아픈 충고를 하고 있다. 진짜 믿음을 가진 사람인지 아닌지는 오직 하나님만이 아실 것이다.

우리의 기도생활을 돌아보면, 우리가 철없는 아이들과 같다는 생각이 든다. 많은 경우, 우리의 기도는 현세적인 삶에 필요한 것을 얻고, 더 편하게 더 배불리 살기에 필요한 것들을 구하기 위한 수단으로 전락했다. 바로 이것이 지금 한국 교회에 널리 퍼져 있는 '기도 신학'이다. 우리의 기도는 처음부터 '주시옵소서'의 연속이며, 구하는 바는 지극히 현세적이고 물질적인 것들이다. '기도는 우리가 필요한 것을 당당히 요구하는 것'이고, '기도의 응답은 우리가 요구하는 바가 이루어지는 것'이라는 생각이 마치 기도에 관한 진리인 양 통용되고 있다. 이런 가운데 우리가 아무리 하나님의 이름을 기도 가운데 포함시킨다 해도, 그분과의 교제를 통해 우리 스스로가 변화되는 일은 기대하기 어렵다.

헨리 나우웬(Henri Nouwen)은 우리들의 이런 태도를 산타클로스를 기다리는 어린아이들에 비유한다. 아이들은 성탄절에 산타클로스를 애타게 기다린다. 그러나 산타클로스를 만나고 싶어하는 것이 아니다. 그들의 관심은 산타클로스가 아니라 그가 가져다줄 선물이기 때문이다. 선물만 받으면 아이들은 산타클로스를 이내 잊어버린다.

기도를 '무엇인가 요구하고 그것을 얻어내는 것'으로 이해하는 사람들에게 하나님은 바로 산타클로스와 다름없다. 하나님을 만나 교제를 나누는 것에는 관심이 없고 오직 그분이 주시는 선물에만 관심을 둔다. 그들이 기도하는 목적은 하나님의 뜻은 안중에도 없고 오직 자신이 바라는 것을 얻는 것에 있다.

기도하는 사람의 자세에 대한 이미지를 가장 잘 그려 주는 성경 이야기 하나를 고르라고 하면, 아마 많은 사람들이 얍복강에서 하나님의 사자와 씨름한 야곱(창 32:22~32)을 꼽을 것이다. 빠른 부흥기를 거치는 지난 몇 십 년간 한국 교회는 야곱과 같은 기도를 닮으려고 노력했다. 환도뼈가 으스러지고 불구가 될지언정 하나님과의 씨름에서 질 수 없다는 결의로 기도에 임하라고 부추겨 왔다. 그래서 기도는 우리에게 투쟁처럼 되었다. 우리는 기도할 때 전쟁터에 임하는 병사처럼 임전무퇴의 정신으로 우리에게 필요한 바를 쟁취하도록 배웠다. 그러나, 이런 태도가 바로 하나님과의 친밀한 교제에서 멀어지게 하는 중요한 이유가 되고 있다.

기도에 대한 심각한 오해는 바로 여기에서 비롯된다. 기도를 '하나님께 무엇인가 요구하는 것', 기도는 언제나 '나의 요구'를 말씀드리는 것, 기도의 응답은 '내가 원하는 것을 무엇이든 얻어내는 것'이라고 생각한다. 열심히 기도해도 들어주시지 않는 것은 노력과 정성이 부족하기 때문이요, 목표를 이룰 때까지 포기하지 말고 불굴의 의지로 하나님을 괴롭혀야 얍복강가의 야곱처럼 원하는 것을 얻는다는 것이다.

여기까지만 언급하면 '도대체 그것이 왜 잘못인가?'라고 반문할 것이다. 한국 교회가 그렇게 가르쳐왔고 그런 분위기에 아주 익숙해져 있기 때문이다. 그래서 내용만 조금 바뀌었을 뿐이지 '하나님, 내가 조금 더 편하고 배부르고 남들에게 대접받기 위해 꼭 필요하오니, 로또에 꼭 당첨되게 해 주시옵소서'와 비슷한 내용의 기도를 하느라 하나님께 눈물까지 흘리면서 목이 쉬도록 매달리는 그림과 다르지 않다.

기도할 때 어떤 목적으로 무엇을 구하든 상관없다는 태도는 위험하다. 기도를 자신의 욕구를 채우는 수단으로 삼아서도 안 될 일이다. 아무리 이기적이고 물질적이고 쾌락적인 것이라도, 열심히 구하기만 하면 얻을 수 있다는 전투적인 생각도 올바르지 않다. 대부분 우리가 얻지 못하는 것은 열심이 부족해서가 아니다. 우리가 요청한 것보다 더 좋은 계획을 가지고 계시기 때문이거나, 우리가 잘못 알고 필요 없는 것을 구하기 때문이다. 하나님은 우리가 떼를 쓴다고 해서 마지못해 우리에게 해로운 것을 슬그머니 주시는 분이 아니다. 그분이 나에 관한 선한 계획을 가지고 계시고, 나보다 더 나의 행복을 원하시는 분이라는 것을 믿어야 한다. 그리고 그 계획을 이루시는 것은 철저히 하나님의 시간 계획표에 의한다.

너희는 욕심을 내어도 얻지 못하여 살인하며 시기하여도 능히 취하지 못하므로 다투고 싸우는도다 너희가 얻지 못함은 구하지 아니하기 때문이요 구하여도 받지 못함은 정욕으로 쓰려고 잘못 구하기 때문이라 (약 4:2~3)

야고보서 4장에서 볼 수 있듯이 기도자의 상태가 가장 중요하다. 무엇을 구하기 전에 어떤 목적을 위해 얻으려 하는지 분명히 하도록 요청한다. 자신의 이기적 욕심을 채우기 위해 구하는 것이라면 아무리 열심히 기도해도 소용없다. 설사 그 기도가 응답받았다 하더라도, 로또에 당첨되어 벼락부자가 되었다가 이내 인생을 망쳐버리고 마는 사람들처럼, 복이 아니라 재앙이 될 것이다. 그리고는 계속해서 더 달라고 할 것이다.

그러므로 기도하기에 앞서 먼저 자기 자신을 살피고, 하나님께서 말씀하시는 것을 들을 준비가 되었는지 돌아보고, 하나님께서 무엇을 원하시는지 먼저 여쭈어야 한다. 기도자의 내면이 정화되지 않고, 하나님과의 관계가 정립되지 않고는 올바른 것을 구하는 진정한 기도는 불가능하다.

참된 기도는 하나님이 원하시지 않는 일을 강요하는 것이 아니다. 하나님이 원하시는 것을 알아차리고 그것을 구하는 기도다. 모든 기도의 시작과 끝은 바로 하나님의 뜻을 구하는 것이다.

기도는 하나님과의 대화라고도 한다. 그런데 우리가 드리는 기도는 대화하고는 한참 멀다. 대화라고 하면 서로 상대가 있어 쌍방 간에 주고받는 것이 있어야 한다. 그런데 흔히 우리는 달라고 하고, 하나님은 그것들을 주시는 것을 응답이라 생각하며, 쌍방 간에 충분한 커뮤니케이션이 이루어진다고 생각한다. 그러나 대화에서 절대로 빠질 수 없는 요소가 있다. 바로 듣는 것이다.

올바른 기도라 하면 우리가 하나님께 구하는 일도 필요하지만, 하나님께서 우리에게 과연 무엇을 요구하실까, 하나님은 어떤 생각을 가지고 계실까, 하나님께서 뭐라고 말씀하실까 듣는 시간도 필요하다. 그런데 우리는 필요할 때마다 동전을 넣고 우리가 원하는 것만 손에 넣은 후 휙 돌아서고 마는 자판기처럼 이용하고 있는 것은 아닌지. 조정민 목사는 그의 책 『사람이 선물이다』에서 기도를 이렇게 정의한다.

"기도는…내 일에 신이 응답하는 것이 아니라, 신이 하는 일에 내가 응답하는 것입니다."

하나님이 귀 잡수신 것처럼 고래고래 악을 써가며 꼭 들어주셔야 할 요구사항을 쭉 늘어놓고 끝나는 것이 아니라, 오히려 기도의 시간을 통해 하나님께서 무엇을 요구하시는지 궁금해하고 듣는 것이 더 중요하다는 것이다. 하나님은 이미 우리의 필요를 아신다. 그렇다고 '다 아시니 알아서 해 주시겠지'하며 뒷짐 지고 있으라는 뜻은 아니다. 내 필요를 조목조목 하나님께 구하고 아뢰는 일이 필요하다. 그러나 하나님께서 우리에게 원하시는 것이 무엇인지, 하나님의 뜻이 무엇인지 알려주시기를 간절히 바라는 기도가 우선시되어야 한다는 것이다.

누가복음 11장에는 제자들이 이미 기도를 알고 있었음에도 예수님께 기도를 가르쳐달라고 한다. 그때 가르쳐주신 기도가 주기도문이다. 우리가 주일학교시절부터 줄줄 암송해오던 이 주기도문에 기도의 놀라운 비밀이 담겨 있다. 주기도문에 가장 많이 나오는 단어는 '나'가 아니라 '우리'임에 주목해야 한다. 즉 이 시대, 민족, 세계가 개인보다 더 중요한 관심사가 되어야 한다는 것이다. 물론 나 자신을 위해 구하지 말라는 뜻은 아니다. 그러나, 내 보물을 묻어 둘 마음을 만들지 말라는 것이다. 자신의 유익을 구하기에 앞서 다른 사람, '우리'의 기도를 먼저 올려야 한다. 그리고 가장 먼저 하늘에 계신 아버지의 이름이 거룩히 여김을 받으시고 그 나라가 이 땅에 임하고 그 뜻이 이 땅에 이루어지기를 구해야 한다.

원래 기독교는 주는 종교이다. 그런데 이미 짧은 시간 동안 세계 역사상 그 유래를 찾아보기 어려울 만큼 많이 받은 한국의 기독교인들은 그것이 성에 차지 않아 더 달라고만 부르짖는다. 하나님께서 주신 것들을 어떻게 사용해야 하는지, 하나님께서 정말 어떤 뜻을 가지고 계신지는 안중에도 없는 듯하다. 이미 이 땅의 기독교는 주는 것에서 받는 것으로 변질되어 있기 때문이다.

올바른 기도를 하기 위해서는 먼저 하나님이 누구신지, 어떠한 성품을 가진 분인지 알아야 한다. 그래야 그분의 뜻을 알 수 있고, 그 뜻대로 구할 수 있다. 어린아이가 울고불고 난리 친다고 선뜻 아이에게 위험한 것을 내어주는 부모는 없다. 아이가 원하지 않아도 아이에게 가장 유익한 것을 적당한 때에 주기도 하고, 위험한 것은 아무리 달라고 보채도 아예 주지 않는다. 하나님은 우리에게 위험한 것을 주시는 분이 아니시다. 그러므로 기도의 능력을 시험한답시고 기도원에 가서 불철주야 하나님께서 바라시지도 않는 것들을 달라고 매달리지 말고, 하나님께서 무엇을 원하시는지 먼저 들어야 한다. 참된 기도의 시작은 입을 떼면서부터 우리의 요구를 줄기차게 쏟아 내는 것이 아니라, 먼저 하나님께서 어떤 뜻을 가지고 계시는지 듣는 것에서 시작한다. 하나님은 인간들이 하나님의 뜻을 궁금해하고 그 뜻을 물으며, 그 뜻을 깨닫고자 애쓰는 모습을 진정으로 어여삐 보시는 분이시기 때문이다. 하나님의 뜻을 깨닫고 그 뜻에 맞게 구하지 않으면, 우리에겐 기도의 능력은 절대 주어지지 않는다.

기도는 하나님과의 사귐이다. 그것은 모든 생명과 기쁨의 중심에 계시는 그분과 관계를 맺는 일이며, 항상 그 관계 안에서 살아가는 것을 배우는 일이다. 하나님을 알아보고 느낄 수 있도록 마음을 모으고 그분과의 사귐 안으로 들어가는 것이 기도의 초점이다. 존 웨슬리(John Wesley)는 <은혜의 수단>이라는 설교에서 이렇게 강조했다.

"우리의 기도는 우리의 진심을 하나님 앞에 토로하는 것입니다. 그렇지 않은 기도는 모두 위선입니다. 그러므로 우리는 기도할 때에 하나님과의 사귐을 유일한 목적으로 삼고 우리의 마음과 정성을 하나님께 모두 드려야 합니다."

그는 기도의 본질이 하나님과의 사귐에 있다고 주장한다. 여기서 '사귄다'는 말은 전인격적으로 교제하는 것을 의미한다. 기도를 통해 영이신 하나님과 사귀다 보면, 하나님께 무엇을 요청할 때도 있고, 하나님의 음성을 들을 때도 있고, 침묵 가운데 하나님과 교제할 때도 있고, 하나님을 찬양할 때도 있다. 하나님과 친밀한 사귐의 기도가 지속되면, 마치 하나님이 귀 잡수신 것처럼 목이 터져라 고래고래 소리 지르지 않아도, 우리의 모든 생각과 행동이 기도가 된다. 하나님과 사귐의 기도를 지속할수록, 우리는 하나님과 더욱 친밀해지고 그분의 성품을 닮아간다. 이것은 한순간에 끝나는 일회성 이벤트가 아니다. 하나님과 사귐의 기도는 평생 지속되어야 한다. 기도를 통해 구해야 할 궁극적인 것은 하나님의 영광이다.

긍정의 힘, 만병통치약?

'무슨 일을 만나든지 만사형통하리라.'

우리가 너무도 많이 부르는 찬송가의 한 소절이다. 건강이 좋지 않다든지, 경제적으로 어렵다든지, 사업이 잘 안 된다든지, 자녀 때문에 속이 상한다든지, 부부나 친지 간에 사이가 좋지 않다든지, 취업이 안된다든지 등등, 인간은 저마다 털어놓기 어려운 많은 문제들에 파묻혀 있다. 아무도 알아주지 못하는 아픔과 고통을 간직한 채 하나님을 찬양할 때, 이 '만사형통'이라는 단어가 포함된 소절을 부를 때마다 가슴이 미어진다. 하나님께서 다 알고 계시니 이 아픔과 고통을 다 해결해 주시기를, 내가 가진 고민을 다 해결해 주시기를, 내게 필요한 것을 다 공급해 주시기를 바라는 절절한 마음으로 부른다. 하나님께서는 우리의 모든 문제를 드러내 놓고 아뢰기를 바라시는 분이므로 이것이 틀린 것은 아니다. 그러나 이 말의 원래 뜻을 오해하면 안 된다. 찬송가 원문의 가사를 살펴보면 내용이 조금 다른 것임을 알 수 있다.

'우리가 세상을 살면서 무슨 일을 만나도 예수 그리스도께서 모든 것을 잘 인도해 주실 것입니다.'

다시 말해 '모든 것이 합력하여 선을 이루게 해주실 것입니다'는 뜻으로 이해해야 한다.

많은 기독교인들은 마음속으로 '예수 잘 믿으면 복을 많이 받고, 부족한 것이 없으며, 세상 사람들로부터 부러움을 받고, 어디를 가나 사랑과 존경을 받는 사람이 될 수 있다'는 기대를 품고 있다.

물론 이런 기대가 전적으로 잘못된 것이라고 말할 수는 없다. 성경에는 이런 기대를 하게 할 만한 말씀도 분명히 있기 때문이다. 신명기 28장 2절 이하가 그 대표적인 예일 것이다.

네가 네 하나님 여호와의 말씀을 청종하면 이 모든 복이 네게 임하며 네게 이르리니 성읍에서도 복을 받고 들에서도 복을 받을 것이며 네 몸의 자녀와 네 토지의 소산과 네 짐승의 새끼와 네 소와 양의 새끼가 복을 받을 것이며 네 광주리와 떡 반죽 그릇이 복을 받을 것이며 네가 들어와도 복을 받고 나가도 복을 받을 것이니라 (신 28:2~6)

그저 읽기만 해도 황홀해지는 말씀이 아닐 수 없다. 그런데 이 축복은 개인을 향한 것이라기보다는 이스라엘 민족 전체('네, 즉 you'는 복수임)를 향한 것이다. 그 축복의 핵심은 그들 가운데 가난한 사람이 없을 것이라는 점인데, 이를 개인주의적으로 해석하는 것은 옳지 않다.

또한 사도행전 2장 47절을 보면, 예루살렘에 처음으로 교회가 탄생했을 때 많은 사람들이 예수를 믿고 성령을 받아 은혜가 충만해지자, 온 백성에게 칭송을 들었다고 했다. 성도들이 세상 사람들로부터 칭찬을 받았다는 이야기이다. 이런 의미에서 예수를 잘 믿고 성공하여 세상 사람들에게서 존경도 받고 어디를 가든지 대우받으려는 기대를 한다.

그러나 예수님께서는 마치 우리의 이러한 부푼 기대에 찬물을 끼얹는 말씀을 하고 계시다. 성만찬 석상에서 마지막으로 제자들에게 들려주시는 '고별설교'가 대표적일 것이다. 요한복음에는 세상이 우리를 미워할 것이라는 무서운 내용이 담겨 있다. 본문 15장에서 17장으로 넘어가기까지 '미워한다'는 말이 일곱 번이나 반복되는 것을 보면, 예수님께서 한 번 정도 짚고 넘어가려는 의도에서 언급하신 것은 아니라는 것을 알 수 있다. 그리고 예수님이 사용하신 표현들을 살펴보면, '미워한다'는 말에서부터 시작해서 '출회한다', '환난을 당한다', '죽임을 당한다'는 말씀까지 점점 더 그 강도가 높아지는 것을 알 수 있다. 예수를 잘 믿으면 세상에서 칭찬받고 대접받을 줄 알았는데, 세상은 도리어 우리를 미워할 것이라는 이야기이다. 예수님은 분명 이런 말씀을 하셨는데, 교회에서 가르칠 때는 이런 내용보다는 예수 잘 믿으면 세상에서 성공하고 대접받는다는 메시지에 집중한다. 그래야 듣는 사람들이 즐거워하고 또 오기 때문이다.

그러나 구약에서는 이스라엘에 물질의 축복을 약속하신 데 비해 신약의 교회엔 하나님 나라와 의를 구하는데 기본적으로 필요한 것만을 약속하셨다. 이스라엘 민족을 통해 구원의 역사를 이루셔야 했기 때문에 민족 전체가 살아남아야 했던 구약과 달리, 민족 단위가 아니라 신앙공동체 단위인 신약시대의 교회에서는 마태복음에서 볼 수 있듯 기본적 필요만으로 충분했다.

　　너희는 먼저 그의 나라와 그의 의를 구하라 그리하면 이 모든 것을 너희에게 더하시리라 (마 6:33)

　　미국 레이크우드 교회의 담임목사인 조엘 오스틴이 쓴 『긍정의 힘』이라는 책은 세계적인 베스트셀러가 되었다. 이 책의 모토는 '믿는 대로 된다'이다. 사람은 누구나 존귀한 가치가 있으니 긍정적으로 생각하고 믿으면 그대로 성공하리라는 것이다. 끝까지 성공하는 마음 자세를 가지고 긍정적으로 생각하면 결국은 그대로 이루어질 것이라는 성공 메시지를 전한다. 그러면서 양념처럼 하나님의 은혜와 도우심을 언급한다. 그러나 이 세상에서의 최고의 가치는 사람들이 보기에 성공의 길에 드는 것이 아니라, 그 결과가 크건 작건 간에, 하나님의 뜻 가운데 거하는 것이다. 그렇기에 이 책은 신앙서적이라기 보다 자기계발서에 더 가깝다.

　　조엘 오스틴은 2005년 6월 미국의 유명한 토크쇼 래리 킹 라이브(Larry King Live)에 출연해 "예수를 안 믿으면 천국에 가지 못한다는 부분에 대해서는 아주 조심해야 해요. 글쎄요, 잘 모르겠어요."라고 대답해 세계적으로 비난을 받았다. 그는 이후 다시 이 프로에 출연해서

이 부분을 바로 잡았지만, 사회자로부터 '그게 목사로서 헷갈릴 사항 인가'라는 핀잔을 듣기도 했다. 그의 '성공'에 대한 메시지는 『잘 되는 나』라는 책으로 이어져 긍정적 마인드를 통해 세상에서 더 잘되는 법에 대해 강조한다. 그리고 '믿는 대로 될 것이다'는 긍정메시지는 자기계발서의 유행과 맞물려 한국을 비롯한 전 세계에서 많은 인기를 얻었다.

이와 비슷한 시기에 전 세계적으로 '스스로 믿으면 그렇게 된다'는 메시지가 대유행을 하면서 『시크릿』이라는 책이 많은 나라에서 베스트셀러 반열에 올랐다. 그리고 『긍정의 힘』, 『잘 되는 나』, 심지어 『시크릿』이라는 책이 기독교 서점에서도 베스트셀러로 그 위세를 펼쳤다. 나도 도대체 무슨 내용인가 싶어 내용을 살펴보았는데, 얼굴이 화끈거려 도무지 끝까지 읽기가 어려울 정도였다. 하나님이 언제 그렇게 말씀하셨는가. 하나님이 언제 그런 가치를 최우선으로 두고 세상을 살라고 하셨는가. 교회의 개혁을 위해 많은 사역을 담당하고 있는 새맘교회의 박득훈 목사는 이런 풍조에 대해 다음과 같이 경계한다.

"긍정의 힘으로 대표되는 승리주의 신앙은 하나님 말씀을 혼잡게 해서 한계를 넘어서는 것이다."

몇 년째 교회에 나가 기도했는데 병이 낫지 않는 것은 믿음이 부족해서일까? 가난한 사람은 하나님이 사랑하지 않아서 그런 것일까? 예수를 믿으면 돈도 많이 벌고 건강해지는 상을 받는 것일까? 계속해서 긍정적으로 생각하고 믿으면 세상에서 성공하게 되는 것일까?

총신대 대학원장과 미국 풀러신학교 교수를 지낸 김세윤 박사는 '죄와 고난, 신앙과 복을 무조건 인과관계로, 일대일로 관련짓는 것은 신학적, 신앙적으로 성숙하지 못한 태도'라고 지적한다. 그는 최근 미국 복음주의 신학자들과 공저로 펴낸 책『탐욕의 복음을 버려라(새물결플러스)』에서 예수를 믿으면 건강을 얻고 출세하고 부자가 된다는 신학을 '번영신학'이라 규정하고, 이는 '재물에 대한 우상 숭배, 즉 맘몬을 섬기는 것과 다름없다'고 강하게 비판했다. 그는 "건강과 부는 의로운 길을 통해 얻어야 하고 탐욕으로 과도한 부를 추구하게 되면 결국 남의 것을 빼앗는 것이 된다. 예수는 누구도 하나님과 재물을 같게 섬길 수 없다고 가르쳤다"고 강조했다. 자신의 욕심을 정당화하면서 이를 하나님께 내어 놓고 자기 뜻대로 이루어질 것이라고 믿으면 다 이루어진다고 강조하는 세태를 강하게 비판하고 있다.

누가복음 18~19장에서 부자 청년은 '평생 모든 계명을 다 지켜왔다'며 예수님에게 칭찬받길 원했지만, 오히려 '가진 것을 다 가난한 자들에게 나눠주고 나를 따르라'는 말씀을 듣는다. 돈을 더 쌓아 놓으려 괜스레 하나님의 이름을 들먹여가며 이웃을 착취할 것이냐, 아니면 정당하고 정의롭게 벌어 하나님 사랑과 이웃 사랑을 위해 쓰느냐를 명확히 구분해야 한다. 우리가 순수하지 못한 의도를 숨기고 '만사형통' 하게 해 달라고 하나님께 고하고 아뢸지라도, 하나님은 우리의 중심을 정확히 보시고 우리의 의도가 어떠한지 다 아신다. 그리고 더 큰 문제는 그런 순수하지 못한 의도가 믿는 사람들이 마땅히 품고 기도해야 할 '마땅한 것'이라 가르쳐온 교회에 있다.

'믿었더니 암이 나았습니다', 믿어도 아플 수 있다.

'믿었더니 부자가 됐습니다', 믿어도 가난할 수 있다.

'믿었더니 성공했습니다', 믿어도 세상에서 실패할 수 있다.

참 믿음은 그 이상의 것이다. 병들어도, 배고파도, 실패해도 평안한 믿음이 있다. 영원한 생명과 세상에서의 성공은 별개의 문제이다. 세상 것은 다 천하고 영적인 것만 귀하다는 이원론적인 주장을 하려는 것이 아니다. 하나님께서 세상에서 지금도 병 고침의 기적과 부유함과 성공의 축복을 주실 수 있다. 그런 일이 우리에게 일어난다면 매우 감사한 일이다. 그러나 이것이 이 땅에서 우리가 추구해야 할 가장 중요한 문제는 아니다. 육체의 가시가 무척 괴로워 3번이나 자신에게서 떠나게 해 달라고 기도했으나, 나중에는 하나님의 은혜로 받아들인 바울의 경우를 생각해 보아야 한다.

우리에게 필요한 것들이 있지만, 그리고 우리는 그것들을 허락해 달라고 하나님께 기도하지만, 그러나 우리가 추구해야 할 가장 중요한 것은 '우리를 이 땅에 두신 하나님의 뜻을 발견하고 그 뜻대로 사는 것'이 되어야 한다.

> 잘 먹고 잘 사는 것이 복이면 예수는 복이 없습니다
> 오래 사는 것이 복이면 예수는 참 복이 없습니다
> 잘 죽는 것이 복이면 예수는 정말 복이 없습니다
> 예수는 세상의 복이 아니라 길이요 진리며 생명입니다
> (『사람이 선물이다』, 조정민, 2012, 두란노, 97쪽)

옥한흠 목사도 이런 문제에 대한 심각성을 경고했다.

교회 안에는 분명 두 부류의 신앙인이 있습니다. 한 부류는 예수의 이름을 빌려 자기가 흥해야 되겠다는 생각을 가진 사람입니다. 그들은 예수 이름으로 복도 받고 소원 성취도 해서 편하게 사는 것이 신앙생활의 목적입니다. 이런 사람들이 예상보다 많다는 사실이 큰 충격이 아닐 수 없습니다. 또 다른 부류의 사람들이 있는데, 요한처럼 예수를 위하여 자기가 쇠하기를 소원하는 자들입니다. (『요한이 전한 복음 I』, 옥한흠, 2002, 국제제자훈련원, 216쪽)

만일 우리가 하나님의 뜻에 따라 재물을 사용하여 어떤 활동을 즐기고 풍성한 대인관계를 누릴 수 있다면, 그리고 그런 것들을 허락하신 하나님께 대한 감사를 잊지 않고 그렇게 할 수 있다면, 우리는 하나님의 풍요로운 손에서부터 이러한 선물들을 마음껏 받을 수 있다. 그러나 칼뱅은 '풍부함 속에서 즐거움을 탐닉하고, 게걸스럽게 탐식하며, 마음과 정신을 현재의 쾌락으로 마비시키고, 언제나 새로운 쾌락들을 찾아 갈망하는 것들은 하나님의 선물을 정당하게 사용하는 것과 완전히 동떨어진 것'이라고 경고한다. 결코 신앙 안에서의 자유를 '우리 이웃을 앞지르기 위한' 핑계로 남용해서는 안 될 것이다.

우리는 예수님을 믿는 목적을 분명히 해야 한다. 그것은 세상에서 복을 받는 것이 아니라 영원한 형벌을 면치 못할 우리를 구원하기 위해서 십자가에서 죽으신 예수님을 붙듦으로 내 죄를 용서받고, 하나님의 자녀가 되고, 영생을 얻는 복을 누리기 위해서이다. 그러므로 이 복을 소유하고 사는 거룩한 백성이 되기 위해서 때로는 예수 믿는 것 때문에 세상에서 가진 것을 빼앗기는 일이 있을지라도, 뒤로 돌아서는 어리석은 자가 되어선 안 된다. 이 놀라운 영생의 축복, 하늘의 축복, 하나님의 자녀로서의 영광을 놓치지 않기 위해 좁은 길도, 험한 길도, 환난 중에라도, 기뻐하면서 끝까지 예수님을 좇으리라는 마음을 가지고 살아가야 한다. 8복에서 나타난 것처럼, 우리가 추구할 복은 근본적으로 다르다. 하나님을 믿고 따르는 것이 우리에게 주어진 가장 큰 복이다. 모든 복의 근원은 하나님이시다.

성령 중심입니까, 말씀 중심입니까?

어느 모임에서 만난 한 형제가 내게 물었다.

"집사님 교회는 성령 중심입니까, 말씀 중심입니까?"

나는 어리둥절하여 되물었다.

"그 둘을 분리해서 설명할 수 있는 것 인가요?"

그러나 대화를 조금 나눠보자 그 형제의 의도를 금세 파악할 수 있었다. 자신이 다니는 교회는 금요일마다 성령집회를 여는데 그때마다 방언의 역사가 내려 성령체험을 할 수 있으니 한 번 와보라는 것이었다. 방언에 별 관심이 없는 내가 오히려 이상하다는 듯 내 신앙을 재점검해보라는 조언까지 얹으며. 나 같은 죄인도 예수님의 성육신하심과 죽으심, 그리고 부활과 재림이 믿어지는 것(정확히는, 하나님께서 은혜의 선물로 그 믿음을 주신 것)이 놀라운 기적이므로 난 날마다 기적을 체험하며 산다고 하니, 하나님의 기적을 늘 체험하며 살아야 한다며 나보고 체험이 없는 믿음이라고 자꾸 몰아세웠다.

또 며칠 후 참석한 집회에서 한 목회자는 설교하다가 자신이 방문했던 한 교회에 대해서 이렇게 평가했다.

"OO교회는 상당히 균형 잡힌 교회인 것 같습니다. 그곳에선 매주 기도회마다 방언이 터져 나와요."

이런 스타일의 교회는 기도는 물론 찬양을 드릴 때도 매우 열정적이다. 나처럼 조용하게 묵상하는 것을 선호하는 사람에게는 조금 익숙하지 않은 광경이다. 이것이 틀렸다는 것이 아니다. 스타일이 다르다는 것이고, 내게 조금 더 맞는 스타일이 있는 것이다. 그러나 자신과 조금 다르다고 해서 틀렸다고 몰아세우는 통에 자꾸 더 비슷한 부류끼리 모이게 되고, 단체를 만들게 되니 이렇게 많은 교단과 노회들이 생겨나는 것이 아닐까?

이와 반대되는 경우도 있다. 미국 워싱턴 DC 북쪽 빈민지역을 중심으로 시작된 세이비어교회는 목사, 신도 다 합쳐도 150명밖에 되지 않는 적은 구성원이 무려 220억 원이 넘는 예산을 움직이며 10여 개의 소규모 교회와 80여 개의 공동체를 이끌고 저소득층, 노숙인, 알코올 중독자 등을 돕는 사역을 펼친다. 정부나 지자체가 하지 못하는 일까지 거뜬히 소화하므로 '미국을 움직이는 작은 공동체', '21세기 가장 혁신적인 교회'라는 별칭도 붙었다.

한국에 와서 '관상기도 및 피정 인도 워크숍' 모임도 이끈바 있는 앤 딘 목사는 세이비어교회의 특징을 '영성'과 '사역'의 균형에 있다고 강조한다. 엄격한 훈련과 침묵과 관상기도를 통해 하나님의 말씀에 귀 기울이는 훈련, 즉 '내면을 향한 여정(inward journey)'에서 얻은 깊은 영성이 활발한 활동의 근간이 된다는 것이다. 요즘 방언이니 성령세례니 하는 것에 열광하는 많은 교회들과 다르게 세이비어교회에서 강조하는 것은 시끌벅적한 기도회나 찬양, 방언 등이 아니라 침묵과 내밀한 영성인 것이다.

2012년 12월에 있었던 대한민국의 대통령선거는 높았던 투표율에서 드러났듯이 국민들이 그 어느 때보다 국가리더십에 관심을 가졌다. 그러나 선거 기간 내내 경험해야 했던 것은, 보수 성향을 지닌 사람들은 자신들이 정통이고 반대 의견은 왼쪽으로 치우쳐 위험한 것으로 몰아가고, 진보성향을 지닌 사람들은 반대편을 수구꼴통으로 여기고 자신들이 균형 잡힌 정치 감각을 소유한 자들임을 강조하며 싸움을 벌였다. 자신이 스스로 한쪽으로 치우쳤다고 생각하는 경우는 많지 않은 것 같다. 자신을 기준으로 자신과 비슷한 생각을 하는 사람을 균형 잡힌 사람으로, 반대의 경우는 치우친 것으로 여긴다.

사실 성령을 조금 더 강조하건, 침묵의 영성을 강조하건, 하나님의 정도에서 벗어나지 않으면 어떠해도 큰 상관이 없을 것이다. 찬양을 큰 소리로 열정적으로 하건, 아니면 조용히 묵상 가운데 드리건, 하나님께 상달 되는 것은 그 마음일 것이다. 소리 내어 목이 터져라 기도하건, 침묵 가운데 마음으로 기도하건, 하나님은 그 내밀한 목소리를 들으실 것이다. 이런 경우, 중간에 걸친 상태를 균형 잡혔다고 말하는 것은 적절하지 않다. 누구나 스타일이 있고 자신한테 익숙한 방법이 있게 마련이다. 교회나 신도가 균형 잡혔다고 판단하는 것은 스타일이 아니라 '얼마나 성경적인가'에 의해 결정된다. 방식이나 스타일이 조금 달라도 하나님의 뜻을 바르게 깨닫고 자유함 가운데 거하면서 그리스도께서 가르치신 사랑의 눈으로 바라보면 나와 조금 다른 방식도 충분히 인정할 수 있다. 우리가 진정으로 우려해야 할 것은 나와 조금 다른 방식을 선호하는 상대방이 아니라, 성경적인 것에서 살짝 비껴가는 것이다. 이런 것이 바로 균형감각을 잃은 것이다.

한번은 인라인스케이트를 타다가 균형을 잃고 넘어져 갈비뼈에 금이 간 적이 있다. 눈에 띄지 않는 아주 작은 돌멩이 때문이었다. 빠른 속도로 지나가다가 살짝 중심을 잃으니 도무지 조절이 안 되어 땅바닥에 내동댕이쳐졌다. 사탄이 가장 좋아하는 취미 중 하나는 이렇게 그리스도인을 살짝 쳐서 균형을 잃게 하는 것이다. 사탄이라는 녀석은 우리로 하여금 그리스도를 부인하게 하지 못하면, 그리스도를 왜곡시키도록 애쓴다. 신앙에서 균형을 잡는 것은 그 마음 가장 깊은 곳에 예수 그리스도를 모시고 늘 하나님의 뜻을 분별할 줄 알아야 가능하다.

고등학교 시절, 교회 선생님으로부터 2권의 책을 선물 받은 적이 있다. 당시 선생님은 성경을 수십 번 통독하실 정도로 열심이시던 권사님이셨다. 그런데 내게 권해주신 책이 『다가올 미래를 대비하라』와 『내가 본 천국』이었다. 앞의 책은 이단인 다미선교회의 이장림이라는 사람이 쓴 책이었고, 뒤의 책은 자신이 직접 천국에 다녀왔다고 세계적으로 사기를 친 펄시 콜레(당시 우린 펩시콜라라고 불렀다)라는 사람이 쓴 책이었다. 당시 분별력이 없던 나도 교회 선생님이 주신 책이라 재미있게 읽었었다. 그러나 청년부에 올라와서 나중에 자세한 내용을 알고는 소스라치게 놀랐다. 성경을 그렇게 많이 읽고 교회생활을 열심히 하신 분이 그런 책 내용을 읽고 옳고 그름을 판단하지 못하며 자신도 감명 깊게 읽었다고 급기야 제자에게 선물하기까지 한 현실이 당황스러웠다. 그분은 성경을 달달 외우실 정도로 읽으셨지만, 정작 성경을 이해하지는 못하신 것이다. 내가 그분의 열심에 감히 토를 달 수는 없다. 그러나 교회가 그런 분들에게 좀 더 체계적으로 성경을 가르치고 이를 통한 균형감각을 갖추게 했더라면, 교회는 지금보다는 더 하나님 뜻에 가깝게 다가서 있을 것이라는 아쉬움이 든다. 하나님을 바로 알고 성경을 올바로 해석하는 균형감각이 없으면 도무지 분별력이 생기기 어려운 것이다.

하나님 안에 중심을 잘 잡고 있으면 흔들릴 리 없겠지만, 그러나 현실적으로는 많은 어려움이 있다. 요즘 일부 교회들에서 조금 지나친 점이 강조되는 부분이 있다. 바로 성령 세례에 관한 것이다. 이 점을 언급하면 날 보고 반대쪽으로 치우친 게 아니냐고 항의할 수도 있겠다. 그러나, 요즘 성령 세례와 관련한 일부 교회들의 행태는 분명 짚고 넘어가야 할 부분이 있다.

요즘, 성령 세례를 둘러싼 토론이 과열화되고 있다. 옥한흠 목사는 그의 책 『요한이 전한 복음』에서 성령 세례에 대해 다음과 같이 우려한다.

만일 성령 세례가 무슨 특별한 체험을 가리키는 것이라면 이것은 심각한 문제가 아닐 수 없습니다. 우리 중에 방언한다거나, 가슴에 불이 떨어진다거나, 이상한 환상을 본다거나, 자꾸 웃는다거나, 입신한다거나, 병을 고친다거나 하는 그런 특별한 체험을 한 사람이 과연 몇이나 될까요? 아마 열의 하나도 안 될지 모릅니다. 그렇다면 나머지 대다수는 무엇입니까? 아직 성령 세례를 받지 못한 자요, 예수님과 아직 한몸이 되지 못한 자라는 이야기가 됩니다. 그리고 하나님의 것으로 아직 인침을 받지 못해 사탄이 언제든지 끌고 갈 수 있는 사람이 될 것입니다. 누가 감히 이런 끔찍한 일을 상상이나 할 수 있습니까? 우리는 체험이 있든 없든 성령으로 세례를 받은 하나님의 소유임을 믿으시기 바랍니다. 만일 예수님이 우리에게 성령을 주시지 않았다면 우리 중에 예수님을 믿을 자가 한 사람도 없었을 것입니다. (『요한이 전한 복음 I』, 옥한흠, 2002, 국제제자훈련원, 64쪽)

성령 세례와 관련한 토론이 가끔 일어나기도 하지만 대부분은 과열 양상을 보이며 답이 나오지 않는다. 그것 때문에 교파가 갈리고 교회도 갈리는 가슴 아픈 일이 종종 일어난다. 그러나 우리가 분명히 알아야 하는 것은, 성령 세례는 하나님께서 믿는 모든 자에게 값 없이 주신 은혜의 선물이라는 것이다. 특정한 몇 사람에게 주시는 것이 아니라는 것이다. '하나님이 말씀하시기를 내가 내 영을 모든 육체에 부어 주리니'라고 사도행전 2장 17절에서 말씀하신 대로 말세에 모든 육체에 부어주시는 선물이다. 그러므로 예수를 믿는 사람은 단 한 사람도 예외 없이 그 선물을 받음으로 하나님의 백성이 되는 것이다. 만일 어떤 특정한 사람들만 받는 것이라면 세례 요한이 예수님을 가리켜 "보라, 저분이 바로 우리에게 성령으로 세례를 주시는 분이시다"고 외친 말은 거짓말이 되고 말 것이다.

도대체 성령세례가 무엇이란 말인가? 예수 그리스도를 믿을 때 받는 은혜가 바로 성령세례이다.

우리가 유대인이나 헬라인이나 종이나 자유인이나 다 한 성령으로 세례를 받아 한 몸이 되었고 또 다 한 성령을 마시게 하셨느니라 (고전 12:13)

남자와 여자가 결혼하면 한몸이 되는 것과 마찬가지인 것처럼, 주님이 우리에게 성령을 주시는 이유는 성령이 우리와 하나 되도록 하기 위함이다. 그리고 우리끼리도 한몸이 된다.

주님이 우리에게 성령을 주시는 또 하나의 이유는, 에베소서의 말씀처럼 우리가 그분의 소유임을 분명히 하기 위해서이다.

그 안에서 너희가 구원의 날까지 인치심을 받았느니라 (엡 4:30)

우리는 이미 하나님의 소유가 된 자들이다. 하나님은 성령으로 우리 위에 도장을 찍어서 아무도 손대지 못하게 하셨다. 성령은 이렇게 우리에게 주어진 것이다.

선하고 온유하게 살아가지만 진리를 위한 싸움에 대해서는 별 관심 없는 그리스도인들이 있다. 반면에 교리는 무시한 채 종교적인 경험

추구에만 집중하는 그리스도인들도 있다. 극단으로 치우치면 곤란하다. 중심을 잡아야 한다. 즉, 의를 추구하고, 믿음의 선한 싸움을 싸우고, 영생을 취하는 일을 동시에 해야 한다. 이를 교리와 윤리, 경험의 통합이라고 부른다. 이것이 하나님이 세상에 우리를 두신 목적이다. 우리에게 주어진 성령님을 통해 말씀을 깨닫고 말씀의 권능이 일어나게 된다. 성령은 말씀을 통해 일하고 말씀은 성령을 통해 전달되고 믿게 된다.

나는 복음주의자처럼 준비하고, 오순절주의자처럼 설교하며, 신비주의자처럼 기도하고, 사막 교부처럼 영적 훈련을 하며, 가톨릭처럼 예술을 사용하고, 자유주의자처럼 사회정의를 실천하고 싶다.

마크 드리스콜(Mark Driscoll)의 고백처럼 영적으로 잘 균형 잡힌 성도의 삶을 사는 것은 하나님을 그 무엇보다 기쁘시게 하는 중요한 일이다. 모든 인생들에서 균형을 잡아야 할 삶의 기준은 하나님이시다.

듣는 분을 괴롭히는 찬송

전교인이 다 모인 자리에서 찬양을 인도하는 것은 매우 어렵다. 어르신들은 곡이 너무 빠르고 음표가 너무 많아 어렵다고 불평이고, 젊은 세대는 너무 단조롭고 지루해서 고리타분하다는 것이다. 연배가 많은 성도들은 복음성가나 요즘 유행하는 CCM 말고 찬송가를 부르면 좋겠다는 의견이 많다. 만일 찬송가를 부르게 되면 젊은 친구들은 분명 1절도 채 지나지 않아 몸을 배배 꼬고 있을 것이다.

어른들이 선호하는 곡들도 사실은 대부분 과거엔 너무 혁신적이어서 거부당했던 곡들이다. 아버지가 목사님이던 아이삭 왓츠(Isaac Watts)가 태어난 1674년 무렵엔 '시편찬송'이었다. 즉, 시편을 노래하는 것을 말한다. 그리스도인들은 수 세기 동안 이런저런 형태로 시편을 노래해 왔다. 장 칼뱅은 시편이 교회에서 부를 유일한 찬송집이라고 주장했다. 시편찬송의 좋은 점은, 사람들이 시편찬송을 통해 예배에 대한 최고의 성경적 사상들을 정기적으로 노래하게 된다는 것이다. 사람들은 시편을 노래할 때 악기의 반주 없이 매우 단조로운 형식으로 불렀다. 교회에서 악기를 사용하는 것은 세상적인 것으로 생각했기 때문이다. 선창자가 선창을 하면 모두 따라 부르기 시작했다. 이런 점이 거북하던 왓츠는 직접 찬양곡을 쓰기 시작했다. <주 달려 죽은 십자가>, <기쁘다 구주 오셨네> 등, 그가 쓴 찬송은 300년의 시간이 훌쩍 지나서도 현재 우리가 부르는 찬송가집에 10곡도 넘게 남아 있다. 왓츠 이후 얼마 지나지 않아 1700년대 후반에 존 웨슬리의 동생 찰스 웨슬리의 찬송이 나오게 된다. 그는 <만 입이 내게 있으면>, <하나님의 크신 사랑>, <천사 찬송하기를>, <예수 부활했으니> 등, 주로 중요한 신학적 주제를 담았다.

요즘 젊은이들이 고리타분하고 따분하다고 느끼는 이런 찬송가들도 과거에는 지나치게 혁신적이라 배척당했었다. 지금은 전통적이라 불리는 찬송가 대부분이 보편적으로 받아들여지기까지 수십 년이 걸렸다. 그리고 지금 어른들이 정서적으로 받아들이기 어려운, 너무 획기적이라 생각되는 젊은 세대들의 새로운 곡들도 일정 시간이 지나면 그 이후 세대들에 의해 고루한 것으로 받아들여질 것이다.

우리가 부르는 왓츠와 웨슬리의 찬송곡들은 매우 훌륭하다. 기성세대들은 그 곡들을 부르고 들으며 자랐다. 이런 사람들이 없었다면, 우리는 아직도 예배시간에 시편찬송만 부르고 있었을지 모른다. 그러나 찬송에도 유효기간이 있다. 우리는 이런 찬송을 전혀 다른 형식의 음악을 좋아하는 젊은 세대들의 입에 억지로 떠 넣을 수 없다.

교회 음악에 있어서 변화를 거부하기는 어렵다. 내가 학생이었을 땐 전자기타나 드럼 등의 악기를 예배시간에 사용하는 것은 상상하기도 어려웠다. 그러나 그다지 오랜 시간이 지나지 않은 지금은 거의 모든 교회 본당에 이런 악기들이 비치되어 있다. 교회 음악의 형태는 계속 변할 것이다. 다만, 기독교의 기본 본질에서 벗어나 찬송에 하나님을 높이는 내용이 사라지고 있는 요즘의 변화가 심히 우려된다. 변화는 피할 수 없는 명제이나 기독교의 기본 본질은 해치지 말아야 하기 때문이다.

앞에서 언급했듯, 우리가 교회에서 음악 때문에 갈등을 빚는 첫 세대는 아니다. 미국의 경우만 봐도 아이삭 왓츠의 음악이 뉴잉글랜드에 퍼지기 시작했을 때, 많은 그리스도인들이 그의 음악을 철저히 거부했다. 이런 종류의 찬송을 놓고 양편으로 갈라지기도 했다. 미국 교회사에서 사람들이 음악과 예배 양식 때문에 분열한 적이 여러 번 있는데 이것이 첫 번째였다.

새로운 교회음악의 출현을 부정하기는 어렵다. 신학도 자꾸 변하니까 기독교의 본질만은 변하지 말아야 한다고 캠페인을 벌이는 세상 아닌가. 그러나, 요즘 일부에서 행해지는 것처럼 기독교의 기본 본질에서 벗어나, 감정만을 강조하는 자극적 형태의 음악 출현은 극도로 경계해야 한다. 이런 형태의 음악은 우리의 영성을 강화하기는커녕 뉴에

이지와 결합하여 오히려 하나님에게서 멀어지게 한다. 교회에서 불리고 기독교 관련 단어가 중간중간 나오긴 하지만 결국은 자기를 만족시키기 위한 음악의 한 장르에 지나지 않는다. 내용에도 도무지 예배에 사용하기에 적합하지 않은 경우가 많다. 지나치게 컬러풀하고 요란한 헤어스타일에 몸에 꽉 끼거나 보기에도 불편한 미니스커트를 입고, 정신 산만하게 찬양을 인도하는 젊은이들의 머릿속에 하나님이 제대로 자리하고 계실지 걱정스럽다.

지금은 그동안 한국 교회가 영적 회복의 중요한 통로라고 생각하며 매달려 왔던 '경배와 찬양'에 대하여 차분하고도 객관적인 재평가를 해야 할 시점이다. 한국 교회가 죽어가는 예배를 살리자는 구호 아래 찬양과 경배의 시간을 대폭 늘리고, 그동안 세속적인 악기라는 이유로 금기시하였던 여러 가지 전자 악기들을 교회 본당에 설치하고, 오래되고도 경건한 찬송가를 등한시하면서, 현대인이 현대음악에 맞추어 만든 복음성가를 선호하기 시작한 것이 그리 오래전 일은 아니다. 이런 변화 때문에 한국 교회의 예배가 되살아났다고 후한 평가를 내리기도 한다. 물론 어떤 의미에서는 이런 평가가 크게 틀린 것은 아닐 수도 있다. 왜냐하면 실제로 많은 교회와 개인들이 찬양생활의 회복을 경험하였고 영적인 유익도 많이 얻었기 때문이다. 그러나 하나님의 존귀하심을 알고 하나님 앞에 설 때마다 새롭게 변화된 예배 때문에 늘 말 못할 가슴앓이를 하는 사람들이 많다. 하나님에 대한 깊고도 풍성한 신앙과 그리스도인의 놀라운 영적 체험을 제대로 담기 어려운 얄팍한 가사를 반복해서 부르는 것이 너무 힘들고, 육신의 부모를 위해 부르는 노래에도 사용하기 민망한 곡조로 가장 존귀하신 하나님을 노래하는 것이 너무 괴롭기 때문이다. 이런 대안으로 다시 시편찬송을 부른다든가, 고 김홍전 목사의 경우처럼 아예 찬송가를 본인이 직접 만들어서 따로 사용하는 교회도 있다. 극단적으로 모든 현대 기독교 음악을 배척하는 것은 잘못이다. 오늘날 교회들이 부르는 곡들의 얄팍한 가사들, 신성모독에 가까운 단어들을 거부하면서 나쁜 찬송뿐 아니라 좋은 찬송도 거부하는 우를 범할 수도 있기 때문이다.

찬양과 관련해서는 반드시 함께 생각해야 할 두 개의 진리가 있다. 첫째, '성령을 소멸하지 말며(살전 5:19)', 둘째, '모든 것을 품위 있게 하고 질서 있게 하라(고전 14:40)'이다. 즉 모든 것을 적절하고도 합당한 방식으로 해야 한다는 것이다. 우리는 시와 찬송과 신령한 노래를 불러야 한다. 그리고 성령의 자유로운 역사를 우리 마음대로 제한해서는 안 된다. 성령의 역사는 항상 영광스러우며 기쁨과 환희로 가슴 벅차게 만드는 자극을 동반한다.

바울은 말한다. "너희의 마음으로 주께 아름다운 곡조를 만들고." 바로 이것이 그리스도인의 음악이 항상 지니고 있는, 아니 지니고 있어야 할 특성이다. 그러나 '마음으로 주께 아름다운 곡조를 만든다'는 것이 무엇인지를 잊어버리고 어리석게도 예술을 위한 예술을 추구하는 경우가 많은 것이 문제이다. 사도는, 그리스도인들이 마음속에 있는 경외심을 표현하고 시와 찬송과 신령한 노래들을 부를 때에, 기교 부리는 것을 목표로 삼아서는 안 된다고 말한다. 오늘날 사람들이 좋아하는 것은 '곡조'라는 단어의 사전적 정의인 '아름답게 배열된 음악적인 소리'가 아니다. 그들은 불협화음이 연속되거나 잔뜩 모여 있는 음악을 좋아한다. 사람들은 그런 음악을 들으면서 '얼마나 기교가 훌륭한가'라며 감탄을 해댄다. 그러나 사람들의 마음을 불편하게 하면서 기교만 잔뜩 부리는 음악은 그리스도인의 찬양이 아니다. 바울은 "성령으로 충만하라"고 말한다. 성령으로 충만하지 않은 사람들의 모임에서는 소란스러운 노래가 불리고 온갖 종류의 소음과 불일치와 부조화가 가득하다. 그러나 바울의 말에 의하면 그리스도인들의 모임에서 불리는 노래는 그와 정반대이다. 그리스도인들이 부르는 노래에는 아름다운 곡조가 있고, 아름다운 형식이 있다. 이것이 그리스도인이 부르는 노래의 가장 본질적인 특징이다. 또한 이것은 그리스도인들이 만들어 내는 모든 예술에도 같이 적용된다.

헨델이 그 유명한 오라토리오 '메시아'를 작곡하는 데 걸린 시간은 불과 몇 주라고 한다. 헨델은 이렇게 말했다. "내가 이 곡을 작곡할 때 마치 모든 하늘이 내 앞에 열려 있는 것 같은 느낌을 받았다." 헨델이 그렇게 위대한 작품을 만들 수 있었던 것은 그가 성령의 감동을 받았기 때문이다. 이것은 의심할 여지가 없는 사실이다. 이와 같은 맥락에서 존 스토트 목사는 그의 저서 『성경적 찬양』에서 다음과 같이 역설한다.

교회는 오늘날 이 세상이 모든 종류의 예술에서 적극적으로 추구하고 있는 흉한 것에 대하여 정면으로 대항해야 합니다. 저는 교회가 이것을 다시 한 번 깨닫는 것이 매우 중요하다고 말씀드립니다. 그리스도인의 음악은 연주하거나 창작함에 있어 사람들이 자신들의 기교를 뽐내는 장이 되어서는 안됩니다. 그리스도인이 부르는 노래의 아름다운 곡조는 결코 진부하지 않고, 경박하지 않으며, 화려하지 않고, 과장하지도 않습니다. 그렇지 않은 것은 기독교 신앙과 어울리지 않습니다. 그리스도인들은 하나님을 시와 찬송과 신령한 노래들로 찬송할 때, 하나님께 합당한 방식, 하나님께 적합한 방식으로 찬송해야 합니다. 위대하고도 영광스러운 가사를 경박한 곡에 붙여서 부를 수는 없는 것입니다. 성령께서 여러분을 인도하신다면 여러분을 감동케 하사, 찬송의 가사를 주시고 그 가사에 합당한 곡도 알려주실 것입니다. (『성경적 찬양』, 존 스토트, 2009, 지평서원, 63~67쪽)

그리스도인이 부르는 찬양의 영광스러움은, 그들의 지성과 감정이 모두 작용함으로 인하여 그 찬양에 맞는 참되고도 아름다운 곡조가 있다는 것이다. 성령께서 그리하신다는 것이다.

성 오거스틴은 '감미로운 곡의 교묘한 현혹'이 두려우며, 그것들을 교회에서 추방하여 다시는 듣고 싶지 않다고까지 했다. 자신이 부른 가사 때문이 아니라 노래 부르는 그 일 자체로 인하여 세속적 감정이 고무되어 그럴 때면 심각한 죄를 범했음을 스스로 고백하고, 그런 노래는 차라리 듣지 않았으면 좋겠다고 고백할 정도였다. 지금 우리의 상황과 비교하면 조금 지나친 면이 있어 보이기도 하지만, 그 믿음과 신앙과 신앙의 순수성을 우리가 알기 때문에 무시할 수 없는 지적이라 보여진다.

가사의 내용도 중요하다. 나는 현재 섬기고 있는 교회에서 거의 20년째 성가대 지휘를 맡고 있다. 그런데 가장 힘든 점은 매주 곡을 선정해야 하는 일이다. 목사님의 설교 말씀과 연결이 되는 곡을 고르려고 노력하고 각종 교회 절기에 맞는 가사를 고려해야 한다. 그런데 정작 여러 곡의 내용을 살펴보면 하나님을 찬양하는 내용보다는 자신의 처지를 한탄하거나 경험을 늘어놓아 예배 찬양으로 사용하기 적합하지 않은 경우가 많다.

찬양은, 특히 예배에서 사용할 찬양은, 우리의 자질구레하고 사사로운 고백이 아니라, 영광스러운 주님의 인격과 위엄을 찬양하고 그분이 행하신 우리에게 베푸신 일들에 감사하는 내용이어야 한다. 그러나 현재는 가사보다는 곡조에 더 마음을 빼앗기는 경향이 있어 보인다.

오백 년 전에 살았던 마르틴 루터는 당시 매우 위험한 인물이었다. 그는 로마 가톨릭을 강하게 비판했기 때문에 목숨이 위태로웠다. 그래서 하나님께서 주시는 확신 가운데 평안을 얻지 못하면 하루하루를 견디기가 어렵고 두려웠다. 어느 날 루터는 시편 46편을 읽었다. 그리고 이를 토대로 <내 주는 강한 성이요>라는 찬송을 썼고, 부르기 쉬운 멜로디에 붙였다. 루터는 자신을 이단이라 고발한 사람들에게 자신을 스스로 변호하기 위해 보름스로 가면서 이 찬송을 불렀다고 한다.

'내 주는 강한 성이요 방패와 병기 되시니 큰 환란에서 우리를 구하여 내시리로다.'

루터를 가로막았던 제도권 종교의 엄청난 힘을 생각해보면, "이 땅에 마귀 들끓어 우리를 삼키려 하나 겁내지 말고 섰거라 진리로 이기리로다"고 한 고백이 무슨 뜻인지 알 수 있다. 지금 우리가 부르는 전통 있는 찬송들은 이런 치열한 영적 전투의 현장에서 만들어진 것이 많다. 그러나 요즘 교회 음악의 일부는 오히려 사람들의 마음을 하나님에게서 더 멀어지게 하는 경우가 많은 것 같다.

'경배와 찬양'이 보편화한 요즘, 교회 규모가 조금 크면 예외 없이 이런 집회가 열린다. 연예인에 버금가는 솜씨로 모임을 주도하는 찬양 인도자에 의해 주도되는 모임이 아니라, 성령이 주도하시는 모임에 집중해야 한다. 모든 찬양인도자가 그런 것은 아니겠지만, 하나님을 높이는 자리에서의 실없는 농담, 천박한 웃음, 경박한 기쁨은 그리스도인의 모임에 적합하지 않다. 그런 일을 보고 함께 즐거워할 것이 아니라 그리스도인의 모임에 버젓이 들어와 대부분의 교회가 행함으로써 일반화되어 있다는 사실에 슬퍼해야 한다.

바흐는 자신의 모든 작품의 속표지에 '오직 하나님께만 영광을'이란 의미의 'Soli Deo Gloria'를 줄여서 약자로 'S·D·G'라고 적어 두었다. 자신의 모든 재주가 하나님에게서 나왔으며 오직 하나님을 높이는데 사용되기를 원하는 신앙의 표현이다. 하지만 오늘날은 바흐나 헨델과 같이 다채로우면서도 경건한 명작 대신 CCM이 자리하고 있다.

흔히 우리의 예배는 하나님께 대한 찬양이라기 보다 자화자찬의 자리이며, 하나님께 대한 경배라기 보다 오히려 유흥이나 구경거리의 성격이 강하다. (『복음이란 무엇인가』, 마이클 호튼, 2004, 부흥과개혁사, 19쪽)

중세교회를 비난할 것도 없이, 교회사를 통틀어 요즘처럼 그리스도인들이 과도할 정도로 스스로에게 집착했던 시기는 없었다. (『당신의 하나님도 별로 대단할 것 없구면(Your God Is Too Small)』, J.B. 필립스〉 중에서)

찬송에 대한 마이클 호튼과 필립스의 지적과 우려는 지금 우리가 깊이 생각해 봐야 할 문제이다. 하나님을 찬양한다고 할 때 우리는 영광스러운 그분의 인격과 찬란한 위엄을 그에 알맞은 곡조와 가사로 찬양해야 한다. 찬송은 부르는 사람이 아니라 받는 분이 주인공이시기 때문이다.

직장에선 교인이 아닌 교인들

20여 년 전, 청년부 회장으로 한참 활발하게 섬기던 내게 청천벽력 같은 소식이 전해졌다. 겨울수련회 바로 직전 입영영장이 나온 것이다. 내게 주어진 시간은 2주. 정든 가족과 교회, 특히 모든 것을 바쳐 헌신하던 청년부와 내가 가르치던 고3 학생들을 두고 군대에 입대한다는 것이 못내 아쉬웠다. 대한민국 남성이라면 누구나 거쳐야 할 일이었지만, 당시에는 불확실한 군생활에 대한 공포감도 매우 컸던 기억이 난다. 그러나 이를 모두 떨쳐버리고 차분하게 준비하며 '일부러 군선교도 가는데 얼마나 좋은 기회인가. 군대에서 열심히 전도하여 나와 관계 맺는 모든 군인을 하나님 앞으로 인도 해야겠다'는 목표를 세웠다. 그렇게 할 자신도 있었다. 그러나 힘든 군생활을 통해 내가 얼마나 부족하고 나약한지를 깨닫는 데는 오랜 시간이 걸리지 않았다.

내 생활이 24시간 노출되고, 육체적, 정신적인 고통이 지속해서 가해지자, 나는 손을 들어버렸다. 결국, 군생활 동안의 내 목표는 '선교'에서 '내 몸 하나 잘 건사해서 무사히 전역하자'로 바뀌었다. 그때 힘든 군생활 동안 얻은 허리디스크와 소음성난청은 지금도 나를 떠나지 않고 오히려 증세가 악화되어 괴롭히고 있다.

힘든 군생활 동안 많은 좌절을 맛봤지만, 스스로의 상태가 어떠한지 뼈저리게 느낄 수 있었고, 그런 경험이 직장생활에서도 많은 도움이 되고 있다. 직장생활을 하면서 그리스도인으로 살아가는 것이 군대만큼 어렵기 때문이다.

목회자가 교회에 제사장으로 임명되고 파견되었다면, 그리스도인 각자는 그들의 직장에 제사장으로 임명되고 파견되었다고 할 수 있다. 하나님께서 우리를 직장에 파견하신 주된 목적은 단순히 직장에서 돈을 벌어 하나님의 사역에 사용하라는 것이 아니다. 직장에서의 삶과 관계를 통해 하나님을 영화롭게 하고 이웃을 섬기라는 뜻이 더욱 크다. 그러므로 모든 직업은 성직이고 우리는 파송된 선교사들이다.

내가 아는 한 대기업의 임원은 교회생활을 매우 열심히 한다. 그러나, 평소 생활만 보면 믿지 않는 사람들보다 나을 것도 없을뿐더러, 오히려 직원들을 더 괴롭히고 다그치면서 자신의 이름이 광나는 일에만 공을 들였다. 그러면서도, 교회 이야기만 나오면 태도가 갑자기 돌변하면서 상냥해지고, 자신은 은퇴 후에 해외에 있는 불쌍한 영혼들을 위해 선교사로 나갈 것이라고 공언했다. 본인은 해외에서의 선교에 대한 비전을 가지고 있지만, 정작 함께 생활하는 부서원은 이런 푸념까지 했다.

"그분은 멀리 있는 영혼에는 관심이 많으신데, 함께 생활하는 우리들 영혼에는 별 관심이 없으신가 봐요."

교회와 관련된 이야기에는 눈이 반짝거리지만, 직원들의 미래나 개인적인 삶에는 별 관심을 보이지 않는다. 휴가를 정할 때도 자신의 선교 일정과 준비 기간을 먼저 정해놓고, 나머지 직원들의 개인적인 사정은 전혀 고려해주지 않는다. 삶을 함께 나누기에는 매일매일 자신의 '기독교적인 삶'이 너무 바쁘다. 그에겐 그리스도인으로서의 생활과 직장생활이 완전 다른 것처럼 보였다. 부서원들도 거리감을 느끼게 되니 개인적인 일들을 상담할 기회도, 마음도 생기지 않는다. 교회에 다니는 직원들에게만 고과를 잘 준다는 소문까지 떠돌았다. 그래서 그가 함께 예배에 나가자고 하면 몇 명 따라 나오다가도, 발령이 나서 다른 부서로 가게 되면 언제 그랬냐는 듯 발걸음을 끊어버린다. 상황이 이쯤 되면 문제가 심각하다. 그야말로 균형감각을 잃은 것이다. 아무리 '하나님은 사랑이시다'라고 침을 튀기면서 강조를 해도, 직원들의 닫힌 마음은 열릴 줄 모른다. 자신과 가장 많은 시간을 보내는 직장 동료, 상사, 부하직원들의 더러운 발을 기꺼이 씻어줄 줄 모른다면, 직장생활에서의 선교기회는 물거품이 되는 것이다.

내가 근무하던 은행에는 교단, 교파를 초월하여 매주 화요일 하나님께 예배들 드리는 기독교선교회 모임이 있다. 이 모임을 이끄는 리더들의 열심과 헌신은 감히 따라 하기 어렵다. 백 명도 넘는 회원들이 매주 예배는 물론이고, 각자의 시간을 드려 회사 내에서 함께 QT를 하고, 성경을 가르치며, 정기적으로 기도하면서, 꾸준히 찬양연습도 한다. 그리고 이들이 빛나는 것은, 각자가 속한 부서에서도 핵심적인 역할을 하며 조직 내에서 없어서는 안 될 주역들로 인정받고 있다는 것이다. 이들이 소명의식을 가지고 직장생활을 하는 것을 지켜보면 웬만한 성직자나 선교사보다 낫다고 할 정도이다. 각자가 모두 하나님으로부터 직장이라는 선교지에 파송 받았다는 소명의식이 있기 때문이다. 실제 화요예배에 나오는 사람들의 상당수는 과거 교회에 다니지 않았지만, 이들의 손에 의해 복음을 전해 듣고 회심하여 하나님을 믿게 된 경우가 매우 많다. 이들의 열심과 그 열매들을 보며, 나는 늘 하나님께서 그들의 헌신을 기쁘게 받으시고 상 주시기를 기도한다. 이런 사람들이 선교사라 할 수 있지 않겠는가.

직장생활 중 가장 큰 보람을 느낄 때는 승진했을 때이다. 그러나 인사고과 혹은 승진 시즌이 되면 각종 음해와 작업들이 난무한다. 아무리 친하게 지내는 동료들일지라도 결국 올라갈 자리는 정해져 있으니 서로 강력한 경쟁자들인 셈이다. 이럴 때 그리스도인들의 역할이 매우 중요하다. 절대 부정한 행동이나 불의한 생각은 하지 말아야 한다. 최선을 다해 일함으로써 인정받고 승진해야지, 다른 사람을 적으로 생각하고 그를 넘어뜨리려 애쓰는 모습을 보인다면 아무도 그가 믿는 하나님을 정의의 하나님으로 인식하지 않을 것이다. 그러나 우리는 교회 이야기만 나오면 거룩한 척하다가, 일상에 빠져들면 교회 다니지 않는 사람들보다 더 못된 짓을 많이 하는 사람을 어렵지 않게 볼 수 있다.

이런 식으로 직장에서 성공하고자 하는 그들의 야망은 비뚤어진 것이다. 야망을 품은 것 자체가 나쁜 것은 아니다. 그러나, 그 동기와 방법이 잘못되었다면 하나님을 오히려 욕보이는 것이다.

그리스도인들이 직장에서 승진하는 것은 반길 일이다. 정당한 수고와 희생이 인정받았다는 것이고, 더 많은 힘을 얻을 수 있어서가 아니라, 앞으로 더 많이 섬길 수 있고 선한 영향력을 더 많이 끼칠 수 있기 때문이다. 이런 의미에서 그리스도인이 높은 자리에 올라가고 좋은 업적을 이루는 것은 매우 반가운 일이다. 그러나, 그 목적이 더 많이 섬기기 위해서가 아니라 본전 생각하며 스스로 더 대접받기 위해서라면, 많은 문제가 생긴다. 그리고 욕심이 더 생기게 될 것이고 더 큰 성공을 위해 부정을 저지르려는 유혹에도 쉽게 넘어갈 것이다. 우리는 교회 장로출신 대통령이 선출되었을 때, 교회에 다니는 고위급들에 의해 오히려 더 많은 부정이 난무하고 그 어느 때보다 기독교가 욕을 먹는 일을 보아왔다. 높은 자리로 올라갈수록 자신이 더 노출됨을 알아야 하고, 훨씬 더 높은 수준의 양심이 요구된다. 한 사람이 신실한 기독교인인 것은, 주일날 옆구리에 성경책을 끼고 교회에 출석하느냐가 아니라, 얼마나 하나님의 뜻을 삶 가운데 잘 실천하고 사느냐이다. 아주 작은 일에 충실하지 않으면, 아주 기본적인 것부터 중심이 잡혀 있지 않으면, 높은 곳에 올라가서는 아예 이상한 짓들을 해서 오히려 하나님의 이름에 먹칠하기 십상이다.

목적이 제대로 설정되면, 설사 승진하지 못해도, 당선되지 못해도 상관없다. 힘을 얻기 위해서가 아니라 섬기기 위해서라면 더 많은 길이 있게 마련이다. 지미 카터가 대통령으로 지낼 때보다 재선에 실패한 후 더 잘 섬길 수 있게 되었다고 고백한 것은 귀담아들을 만하다.

월급쟁이 생활을 하는 기독교인들 외에 자신이 직접 조직이나 회사를 운영하는 경우도 많다. 이런 경우는 그 파급효과가 더 크다. 사업하면서 정직하게만 할 수 없는 것이 현실이라고 하소연하는 사람들을 교회에서 자주 볼 수 있다. 사업하는 과정이 정당하고 정의로워야 한다는 것은 알지만, 그렇게 하기 어려운 현실을 인정해달라고 말한다. 그러나 예외는 없다. 상황이 어떻건 간에, 불의한 것은 불의한 것이다. 중한 죄를 지었건, 경한 죄를 지었건, 죄인은 죄인인 것이다. 이런 위치에서 하나님의 뜻 가운데 살지 않으면, 자신이 거느리고 있는 직원들이나 거래처 사람들의 눈엔 하나님이 분명 우습게 보일 것이다. 하나님의 얼굴에 그야말로 먹칠을 하는 것이다. 특히, 세금을 정직하게 내야 한다. 평소에는 탈세를 일삼다가, 주일엔 성경책을 옆에 끼고 교회에 나가는 사장을 따라 함께 교회에 나가는 종업원은 없을 것이다. 그리고 무엇보다 하나님께서 다 보고 계시다.

사회적 지위나 위치가 올라갈수록 일거수일투족이 더 많이 노출되기 때문에 아주 작은 불의와 잘못 하나라도 하나님 얼굴에 먹칠하고, 전체 교회에 누가 될 가능성이 높다. 교회 장로가 대통령이 되었다고 좋아할 것이 아니라, 그러함에도 불구하고 이 나라를 좀 더 하나님 뜻 가운데 두지 못함을 마음 아파해야 한다. 장로가 대통령이 된다고 해서 이 나라의 복음화가 더 쉽지 않다는 것을 우리는 경험적으로 알고 있다. 게다가 정치를 하는 모습을 보면 진정 그리스도인인지 의심이 가고, 도대체 그 교회는 어떤 사람에게 장로 직분을 맡기는지 이해가 안 갈 때가 있다. 하나님께서 우리를 우리가 생활하는 처소에 두신 이유를 올바로 깨달아야 한다. 하나님은 분명 우리를 통한 계획이 있으신 것이다. 우리를 세상에 보내신 분은 하나님이시다.

일요일 교회 앞,
교통신호 위반 최다발생 구역

독일의 유명한 신학자이자 순교자였던 본 훼퍼는 "성경에 기록된 말씀들은 언제나 당신의 가슴에 울려야 하고 당신의 생활 속에 날마다 살아 움직여야 한다. 당신이 무척이나 사랑하는 자가 있으면 그의 말을 잊을 수 있는가? 주님을 사랑한다면 그의 말씀을 마음에 담고 살아야 한다."라고 강조했다. 하나님을 믿는다면 그 말씀대로 살아야 한다는 것이다. 하나님은 믿는 자들을 통해 일하시기 때문이다. 마르틴 루터는 우리를 '하나님의 탈'이라 불렀다. 하나님의 찬란한 영광을 세상이 직접 감당할 수 없으므로 하나님은 인간을 통해 자신을 표현하신다는 것이다.

한국 속담에 '뼈다귀를 문 개는 두리번거리지 않는다'는 말이 있다.

개에 비유해서 조금 그렇지만 우리도 하나님의 말씀을 품고 하나님의 뜻에서 좌로나 우로나 치우치지 않는 삶을 살아야 마땅하다.

기독교의 힘, 권위, 신뢰성은 바로 거듭난 사람들의 변화된 삶에서 나온다. 변화된 삶이 기독교의 능력이요, 이 삶을 통해 세상의 질서가 유지되고 하나님의 뜻이 구현될 것이다. 하나님을 온전히 믿는 사람이라면 정성스러운 예배자가 되고, 그 삶이 하나님의 말씀과 가르침을 드러내게 된다. 이는 아주 작은 부분에서도 드러나야 한다. 그러나 신호위반, 불법유턴, 무단횡단, 그리고 불법주차가 가장 많이 일어나는 시간과 장소가 일요일 오전 11시가 임박한 교회들 근처라는 사실은 시사하는 바가 크다.

지금은 기독교와 교회가 그 어느 때보다 많은 비난과 욕을 먹고 있다. 그러나, 결론적으로 말하면, 기독교가 잘못된 것이 아니라 기독교인이 잘못하고 있다. 우리가 하나님의 뜻대로 살지 못하고, 이 세상에서 선한 영향력을 발휘하지 못하고 있다.

우리는 그리스도 예수를 통해 우리를 죄와 사망의 권세에서 건져주신 하나님의 사랑에 대한 응답으로 하나님 사랑과 이웃 사랑, 즉 십계명의 핵심 가치의 삶을 살도록 부름 받았다. 이것이 하나님께서 우리를 세상에 두신 목적이다. 하나님 사랑과 이웃 사랑이라는 신앙의 본질이 바로 서 있지 못할 때, 교회는 병들기 시작한다. 우리가 입으로는 사랑한다지만 하나님과 이웃사랑을 빙자한 자기 사랑이 아닌지 돌아보아야 한다.

하나님을 믿는 사람이라면 우리가 속한 사회의 일원으로서 감당해야 할 사회적 참여와 책임, 즉 공적 책임이 있습니다. 그리스도인 개인의 영성 면에서 볼 때 공적 영성이란 객관화된 사고와 가치관으로 공동체의 여러 문제에 기독교적인 안목을 가지고 참여해야 하는 것입니다. 이런 공적 영성은 그리스도인의 성숙과도 일맥상통합니다. 그 이유는 공적 영성을 통해 이기적이고 당파적인 영성의 수준을 넘어서 하나님과 공동체를 바로 섬기는 모습을 구현할 수 있기 때문입니다. 따라서 공적 영성의 핵심은 하나님을 섬기고 이웃을 사랑하는 것입니다. (『한국 교회, 패러다임을 바꿔야 한다』, 이학준, 새물결플러스, 62~67쪽)

한국 개신교와 교회가 당면한 위기를 뛰어넘기 위해서는 공적 영성을 회복하는 것이 필수적이다. 참으로 안타까운 것은 한국에 개신교가 처음 들어올 때는 전혀 이렇지 않았다는 점이다. 오히려, 한국의 초기 개신교는 어떤 다른 종교나 기관보다도 더 깊은 공적인 영성을 가지고, 국민들을 계몽하고, 사회를 변혁시켰으며, 가난한 이웃을 돌보는 데 힘썼다. 그러나 지금은 제 몸 하나 가누지 못할 정도로 병들어 있는 모습이다.

기독교 영성이 회복되고 공적 영성이 힘을 발휘하여, 교회가 속해 있는 사회 전체에 선한 영향을 미쳐야 한다. 교회에는 외형적인 접근과 겉모습에만 집중하고 견학하는 교인들이 아니라 십자가를 지고 가는 제자들이 필요하다.

십자가를 목걸이같이 액세서리로 삼거나 교회를 장식하는 첨탑 정도로 앞세우는 것이 아니라, 자신의 욕망과 죄를 거기에 못 박고 자신의 십자가를 달게 지고 가는 '예수따르미'가 필요하다.

이 땅의 교회들은 캄캄한 밤 도시에 반짝이는 수많은 교회 십자가에 그리스도를 무수히 못 박았고, 지금도 우리 귀하신 그리스도께서 저 십자가에서 아파하고 계시는 것을 생각하며 회개해야 한다. 그리고 이제는 우리의 배를 불리는 데 목적을 두지 말고, 하나님께서 바라시는 대로 살아가는 교회와 기독교인들이 되어야 한다. 그것이 하나님께서 지금 우리에게 가장 바라시는 것이다. 교회의 주인은 하나님이시기 때문이다.

5부

교회가 바뀌어야 나라가 산다

땅에는 언제든지 가난한 자가 그치지 아니하겠으므로 내게 네게 명령하여 이르노니 너는
반드시 네 땅 안에 네 형제 중 곤란한 자와 궁핍한 자에게 네 손을 펼지니라 (신명기 15:11)

가난과 소외의 그늘에 없는 십자가

몇 해 전 미국의 한 병원에서 복통에 시달리던 가난한 흑인 여성이 대기실에서 몸부림치다 끝내 사망한 사건이 발생했다. CCTV에 고스란히 촬영되어 전 세계에 보도된 이 사건은 엄청난 충격을 주었다. 그녀는 10시간이 넘도록 고통을 호소하며 진료를 기다렸지만, 병원에선 다른 환자들(돈을 내서 병원에 이익을 끼치는 사람들)을 먼저 돌보았고, 가난한 이 여인의 진료는 계속 미루어졌다. 그녀가 땅바닥에 쓰러져 의식을 잃고 있던 1시간 동안 그곳을 지나던 의사들도, 간호사들도, 경비원들도, 병원 직원들도, 같은 신세의 환자들도 모두, 그녀에게 아무런 조치를 하지 않았다. 결국 그녀는 병원에 10시간이 넘게 머물렀지만 진료 한 번 받지 못하고 숨을 거두었다. 부검 결과, 간단한 수술로도 치료가 가능한 급성맹장염이 복막염으로 번진 상황이었다고 한다. 진료거부가 계속되는 동안 그녀가 겪었을 고통은 얼마나 끔찍했을까. 안타까운 것은, 통계적으로 보면, 그 광경을 그냥 지나친 사람들의 절반 이상이 기독교인이라는 사실이다.

미국에서는 한때, 개나 고양이 사료의 3분의 1이 사람이 먹는 음식을 살 형편이 못 되는 노인들에게 팔린다는 정부 조사 결과가 나왔다. 이는 우리에게도 시사하는 바가 크다.

길거리에 쓰러져 죽어 가는 사람을 착한 사마리아 사람이 여관에 데리고 가서 치료를 부탁할 때, 못 본 척 지나가던 종교인들이 우리의 모습과 얼마나 다른 것인지. 지하철에서 앞에 노인이 힘겹게 서 있는데도 자리양보는커녕, 모른 척하고 성경책을 들여다보고 있는 청년의 모습이 우리의 모습은 아닐는지.

누군가의 물질적 필요는 우리의 영적인 과제이다. 교회와 기독교인들이 자신들의 배를 불리는 데만 관심을 두지 말고 이웃을 돌봐야 하는 이유는 하나님의 명령이기 때문이다.

땅에는 언제든지 가난한 자가 그치지 아니하겠으므로 내게 네게 명령하여 이르노니 너는 반드시 네 땅 안에 네 형제 중 곤란한 자와 궁핍한 자에게 네 손을 펼지니라 (신 15:11)

가난한 자들은 항상 너희와 함께 있으니 (막 14:7)

'가난한 자가 그치지 않겠다'는 신명기 말씀이나 '가난한 자는 항상 너희와 함께 있을 것이다'는 마가복음의 말씀은 이 세상의 왜곡된 구조가 쉽게 고쳐지지 않고 계속해서 부한 자와 가난한 자가 있을 것이라는 현실을 지적한다. 그러나 이 말씀은 구조적으로 잘못되어 아무리 노력해봐야 소용없으니 헛수고하지 말라는 뜻이 아니다. 오히려, 그 현실을 더 분명히 인식하고 문제 해결을 위해 우리가 할 수 있는 모든 노력을 기울이라는 요청이다. 우리가 등 따습고 배부를 때 우리 주위에 항상 가난한 자들이 있음을 잊지 말라는 뜻이다. 하나님은 인간들이 가난에 찌들어 휘청거리는 것을 원하시지는 않겠지만, 인간의 죄악 때문에 생긴 이 모든 가난과 궁핍은 새 하늘과 새 땅이 임할 때까지 인간사회에 남아 있을 것이다. 예수님이 다시 오실 때까지 이 문제가 해결되지 않더라도 우리는 이 일을 끊임없이 해야 한다. 이웃돕기는 우리가 시간이 있거나 형편이 되면 할 수 있는 멋진 과외활동이 아니다. 그것은 영적인 의무이자 활기찬 기독교의 역동적 표현으로, 우리가 하나님을 믿고 있음을 드러내는 방법이다.

우리가 처한 현재 상황은 초기 기독교 상황과 놀라울 만큼 비슷하다. 우리는 초대교회와 마찬가지로 정체성과 의미를 제대로 정의 내리기 어려운 다문화 사회에 살고 있다. 구성원들의 이동이 잦고 자기 지향적이므로, 외로움, 소원함, 소외 등이 특징인 것도 비슷하다. 그러나 초대교회는 궁핍한 나그네를 손님 대접하고 서로의 필요를 채워주었다. 성령을 체험한답시고 초대교회의 성령 임재를 구하며 부르짖는 사람들은 정작 초대교회 사람들이 행했던 이런 구제와 이웃돕기에 대해서는 매우 인색하다.

오순절에 예루살렘에서 처음 시작된 기독교회의 특징은 이전에는 없었던 교제를 나눈 것이었다. 성령 충만했던 그곳의 신자들은 자기 소유를 팔아서 공유할 정도로 서로 사랑했다. 그렇게 팔고 나누는 일은 자발적으로 이루어졌고 약간의 사유 재산은 가졌지만(행5:4), 공동체가 더 중요하였다. '자기 재물을 조금이라도 자기 것이라고 하는 이가 하나도 없었다(행4:32).' 다시 말해 그들은 소유권에 대해 이기적인 주장을 하지 않았다. 그리고 그렇게 경제적인 관계가 완전히 바뀐 결과 '그중에 가난한 사람이 없었다(행4:34).' 이렇듯 구원받은 믿음은 섬기는 사랑으로 드러난다. 엘리야도 영적 침체에 빠졌을 때, 하나님께서 주신 먹을 것, 하나님께서 주신 쉼, 하나님이 천사를 통해 보내주신 안식을 통해 회복되었다.

구약의 율법들은 전체 공동체를 대상으로 한 것으로, 이방인을 포함한 이웃들이 가난해지거나 학대받지 않도록 구조적으로 지원해 주었다. 개인이 소유한 밭에 들어가 이삭을 줍게 하고, 땅에서 수확할 때 경계 선상에서 나온 수확물과 남은 것들은 가난한 사람들과 객들이 가져갈 수 있도록 했다. 또 이들을 돕기 위해 곡물의 십일조를 떼어 두기도 했다.

고대 이스라엘 사람들은 하나님의 백성이 된다는 것은 스스로 나그네와 이방인이 되는 것으로, 그들 가운데 있는 연약한 나그네와 이웃을 돌볼 책임도 갖게 되는 것으로 이해했다. 예수님도 나그네를 맞이하는 것, 주린 자를 먹이는 것, 병든 자에게 문안하는 것이 곧 인자(the Son of Man)이신 예수님에게 친절을 베푸는 것이라고 말씀하셨다. 바울도 예수님이 그들을 영접하셨던 것처럼 서로 영접하라고 권면

했다.

누가복음 14장 12~14절 말씀을 보면, 보통 사람들은 잔치 때 친구와 친척과 부한 이웃들을 초청한다. 그렇게 함으로써 사회적 관계를 돈독히 하고, 끈끈한 연계를 통해 사회적 보답을 기대하게 된다. 그러나 하나님 나라의 백성들은 가난한 사람, 장애가 있는 사람, 다리를 저는 사람, 눈먼 사람 등, 남에게 더 의지할 수밖에 없는 소외된 사람들을 청하라 하신다. 그런 사람들로부터 즉시 이득을 얻을 것으로 생각하지는 않지만, 궁극에 가서는 부활 때 하나님의 갚으심을 경험할 것이라 말씀하신다. 이웃을 돕는 일은 상당히 큰 결심과 노력이 필요하지만, 결국 하나님께서 자신을 매우 풍성하게 주실 것이다.

오거스틴, 락탄티우스 같은 사람들에게는 당시 이웃과 나그네를 대접하는 것이 하나님의 경제법칙 안에서 매우 타당한 것이었다. 그들은 행위를 통해 이득을 구하지 않았지만, 그 자신이 하나님으로부터 축복받은 것을 알았을 것이다. 그들은 궁핍한 사람들을 도움으로써 예수님을 섬긴 것이다.

16세기 장 칼뱅(Jean Calvin)은 모든 인간이 하나님의 형상을 지니고 있다는 사실만으로도 어려운 사람을 도와야 한다고 생각했다. 모든 사람이 가난과 악행으로부터 손상되어서는 안 되는 근본적인 존엄성을 지니고 있음을 강조한다. 모든 인간이 공통으로 하나님의 형상을 지니고 있다는 사실이 모든 인간을 존중하고 인정하는 기초가 되고, 다른 사람들을 우리 자신처럼 인정해야 한다는 근거가 된다는 것이다. 그러므로 각 사람은 다른 사람들의 고난과 필요를 함께해야 한다. 사람은 누구나 도움이 필요한 사람을 만나면 그를 돕는 일을 거부할 핑곗거리가 없다. 그에게 신세를 진 일이 없다고 하더라도, 멸시할 만하고 무가치해 보인다더라도, 주께서는 그가 하나님의 아름다운 형상을 부여받은 존재임을 알려주신다. 우리에게 주신 많은 것들이 그를 돕기 위해서라는 것을 부인할 근거가 없다. 하나님의 형상으로 지음받은 사실로 인해 우리는 모든 소유물을 줄 만한 가치가 있는 존재들이다. 이러한 논리가 성립된다면 이웃을 돌보는 일을 거부하는 사람은 스스로 하나님의 형상으로 지음 받았음을 부인하는 것이 된다. 우리가 인간인 한, 우리는 가난하고 멸시받고 지치고 무거운 짐을 지고 신음하는 사람들을 볼 때 마치 거울을 들여다보고 있는 것처럼 깊은 마음의 눈으로 바라보아야 한다.

종교개혁이 보여준 신앙은 집 없는 사람들이 불을 쬐려고 모닥불 주변에 떼 지어 몰려들도록 내버려 둔 채, 단지 영혼만을 구원하는 일에 안주하지 않았다. 이것은 당시 제네바가 매일 박해를 피해 도망쳤던 수천 명의 망명자를 보살피고, 숙식뿐 아니라 일자리까지 제공하는 도시가 되었던 사례에서도 잘 나타난다. 현대의 복음주의가 중시하는 개인의 경건과 더불어 실천적 신앙의 중심지가 되었던 제네바의 사례는 프로테스탄트와 가톨릭 모두가 인정하는 사실이다.

17세기까지만 해도 불쌍한 이웃을 돕고 나그네를 대접하는 것은 그리스도인들에게 중요한 덕목이었다. 존 웨슬리와 18세기 영국의 감리교도들은 과부와 스스로 자급하지 못하는 사람들을 위한 특별한 집을 만들었다고 기록했다. 웨슬리와 그 지역 감리교 집사들은 아예 집을 몇 채 구해 쾌적한 시설을 갖추고 방이 허락하는 한 많은 과부들을 받아들였다. 그들은 자신들이 보살피던 과부, 병자, 어린이들과 같이 식사를 하며 함께 지냈다. 존 웨슬리의 고백은 그가 어떤 생각으로 가난하고 약한 사람들을 돌봤는지 잘 보여준다.

가련하고 비참한 사람이 내게 한 푼 달라고 외쳤다. 나는 그가 먼지를 뒤집어쓴 채 누더기를 걸치고 있는 것을 보았다. 하지만 그것들을 통해 나는 불멸의 영혼, 하나님을 알고 그분을 사랑하며 영원토록 하나님과 함께 거하게 된 한 사람을 보았다. 나는 그를 창조하신 하나님으로 인해 그를 존중한다. 나는 이 모든 누더기를 통해 그가 그리스도의 피로 온통 붉게 덮여 있는 것을 본다. 나는 그를 구속하신 분으로 인해 그를 사랑한다. 그러므로 내가 그에게 느끼며 그에게 표하신 예의는, 하나님의 자손, 그분께서 아들의 피로 사신 것, 그리고 장차 불멸할 사람에 대한 존경과 사랑의 혼합물이다. 이러한 예의를 모든 사람에게 보여줘 느끼도록 하자. 그렇게 하면 모든 사람이 기뻐하며 세워지게 될 것이다. (『손대접』, 크리스틸 폴, 2002, 복 있는 사람, 87쪽)

그러나, 산업화가 진행되면서 가난하고 어려운 이웃이나 나그네를 돕는 일은 병원, 구호단체, 호텔 등의 기능으로 발전된 전문 기관들에 전가되고, 결국 이웃을 돕는 일들이 직접적인 관계 보다 익명의 기부 등으로 행해지는 것이 일반화되어 가고 있다. 인격적으로 얼굴을 맞대고 친절하게 사람들을 돌보고 섬기는 기회는 점차 사라져 가고 있다. 이제 이런 일들은 각종 선거철이나 연말연시에 정치인들, 기업인들의 인기관리를 위한 쇼로 전락해버린 듯하다.

신실한 이웃돕기는 보통 우리의 삶을 조금씩 조금씩 내어주는 것이다. 작은 희생과 봉사의 행동들이 모두 포함된다. 신기한 것은 그런 사랑의 행동들은 희생을 요구하는 것처럼 보이지만 주는 사람이나 받는 사람 모두를 살지게 하고 치유해 준다. 그러나 쇼와 같은 이웃돕기는 점점 상업화되고, 자선기관이나 국가기관에서 제공하는 사회복지 사업 또한 관료화, 형식화되고 있다.

전주시에서 세 번째로 국민기초생활보상대상자가 많은 동네인 노송동. 이 동네는 지난 10년간 크리스마스 전후로 40~50대 남자의 전화가 걸려오고, 동사무소 인근에 돈다발과 동전이 가득한 돼지 저금통이 들어있는 박스가 놓여 있어 전국적으로 유명해졌다. 그리고 이런 선행이 점차 확산되어 그 지역에 이웃을 돕는 나눔의 손길이 급증했다. 자신들도 살기 빠듯하지만 거의 모든 시민들이 십시일반으로 기부를 한다. 한 사람의 선행이 빈촌을 훈훈한 천사의 동네로 바꾸어 놓았다. 이와 관련된 방송을 보면서 개인적으로 이 선행을 한 남자가 하나님을 잘 믿는 크리스천이었으면 좋겠다는 생각이 들었다. 이런 일을 계기로 교회들을 통해 전국적으로 나눔의 불씨가 일어났으면 하는 바람에서이다.

이웃을 돕는다는 것은 물질적 지원만으로는 충분하지 않다. 참된 이웃돕기는 서로 얼굴을 맞대고 격려하고 존중하는 정중한 관계로까지 이어져야 한다. 남아프리카의 신학자 앨런 보삭(Allen Boesak)은

'사랑 없음의 극치는 우리가 누군가의 이웃이 되려 하지 않는 것이 아니라, 그들이 우리의 이웃이 되도록 하지 않는 것'이라고 말했다. 상대방을 존중하지 않고 돕게 되면, 그들의 손은 채워지지만, 마음은 비탄에 빠뜨릴 수 있다.

그리스도인의 이웃돕기는 언제나 예수께서 자신에게 오는 모든 사람을 희생적으로 영접하셨던 것을 배경으로 해야 한다. 예수님이 그렇게 하셨다면 그분을 따르는 제자들도 마땅히 그리해야 할 일이다. 우리의 선한 행동이 우리에게 가져다줄 득실을 따지지 말고 예수님을 사랑하고 따르는 마음으로 할 일이다. 그러나 사람들은 통상, 별 도움이 필요 없는 부유하고 지위가 높은 사람들을 더 대접하려고 노력한다. 심지어는 교회 안에서도 말이다. 하나님이 바라시는 이웃돕기는 이런 '야심'이 들어간 행동과는 거리가 멀다. 우리가 어떤 마음으로 어떤 행동을 하든, 하나님은 우리의 마음을 이미 아신다.

노숙인의 경우를 예로 들어보자. 정부의 발표에 의하면, 전국에 분포한 노숙인 수는 5천 명 정도인데, 실제로는 2만 명이 넘을 것으로 추정된다. 그리고 문화체육관광부가 2012년에 발표한 자료에 의하면, 교회의 수는 약 7만 7천 개가 넘는다. 산술적으로는 교회 4곳이 노숙인 한 명만 도우면 우리나라에서 노숙인은 한 명도 없게 된다는 의미이다. 물론 경제적으로 어려운 교회가 많지만, 모든 교회가 같은 목표를 가지고 조직적으로 어려운 이웃을 돕는다면, 우리나라에서는 길거리에서 신문지를 덮고 자는 노숙자를 볼 수 없을 것이다. 한국 교회가 이런 일을 위해 서로 연대 맺는 일이 늘어나기를 바란다. 개신교 교단 연합체인 한국기독교교회협의회(NCCK)의 선교훈련원이 전국홈리스 연대와 노숙인 문제를 해결하고자 여러 가지 방안을 모색하고 있지만, 사실 이런 일은 전체 교회의 관심이 모아져 한목소리를 내야 가능하다.

국내에 체류하는 외국인 노동자들의 경우도 마찬가지다. 이미 수십만 명이 넘는 것으로 추산되는데, 한국 교회는 이런 이웃보다 해외 선교사 파견에 더 힘을 쏟는 듯하다. 그들 중 상당수가 불법체류자 신분이어서 법과 의료의 사각지대에 놓여 있는 경우가 많다. 정부가 이 문제를 완벽히 해결하기란 불가능한 일이다. 다문화가정 또한 전국에 퍼져 있는 교회가 관심을 두고 적극적으로 나서야 할 문제 중 하나이다. 그들도 이 땅에서 고통받는 우리의 이웃이기 때문이다. 10여 년째 외국인 노동자 전용 의원을 운영하며 20만 명 이상의 이주 노동자들을 무료로 진료해 준 김해성 목사와 자원봉사에 나선 수많은 의료진들, 그리고 이름 없는 기부자들은 이 시대를 밝히는 등불이자 소금이다. 그들이 대단한 것은 '의료인권상'을 받아서가 아니라, 어려운 이웃을 돕는 데 앞장섬으로써 하나님께서 보시기에 심해 좋아하실 것이기 때문이다.

우리는 인류 역사상 가장 풍족한 시대에 살고 있다. 하지만 우리는 여전히 우리에게 주어진 것들이 매우 부족한 것처럼 행동한다. 우리는 가진 것을 나누기도 전에 충분하지 않을까 두려워한다. 문제는 우리가 보유하고 있는 물질의 양이 아니라 기꺼이 나누고자 하는 마음이 있는가 하는 것이다.

UN통계에 따르면, 빈곤 인구(하루 1달러 이하로 살아가는 사람들)는 약 10억 명 가량인데, 기아와 기아 관련 원인으로 죽는 사람은 하루 평균 24,000명이라고 한다. 그런데 우리는 신종플루, AI 등으로 몇 명이 사망하는 일에도 호들갑을 떤다. 우리도 손을 잘 씻지 않고 방역에 주의를 기울이지 않으면 이런 질병에 걸릴 위험이 있기 때문이다. 그러나 우리가 기아로 굶어 죽는 처지에 있지 않으니 우리와 상관없는 일처럼 여기는 것이다.

비록 우리에게 주어진 것들이 많지 않아도, 우리는 이웃을 소홀히 해서는 안 된다. 우리가 이웃을 돌보는 것은 우리의 능력과 공이 아니라 하나님이 세상에서 일하시는 방식이다. 하나님께서 우리를 통해 그들을 돌보시고, 우리는 비록 작지만 의미 있는 일을 통해 하나님의 일에 관여하게 되는 것이다. 이런 일에 헌신하는 자들이 하나님과의 관계가 더 깊어지리라는 것은 의심의 여지가 없어 보인다. 우리는 어려운 이웃들 안에서 예수님을 보고, 사람들은 우리 안에서 예수님을 볼 수 있어야 한다. 우리가 물질을 나누는 것은 내 것을 주는 것이 아니라 빚을 갚는 것이다. 우리의 나눔은 구원의 방편이 아니라 구원받은 자로서의 마땅한 반응이다. 심판의 자리에서 하나님은 우리에게 얼마나 큰 교회를 담임했는지, 어떤 직분을 가지고 일했는지를 묻지 않으실 것이다. 가장 작은 자들을 위해 무엇을 했느냐고 물으실 것이다.

그리스도와의 연합은 우리가 그리스도의 의를 덧입도록 해 줄 뿐 아니라, 그 의의 열매를 우리에게도 나누어 준다. 하나님의 은혜를 체험한 사람들은 남들에게도 베풀고 싶어진다. 우리가 성경 구절을 줄줄이 암송할 수 있다 하더라도, 바로 이웃의 먹을 것이 떨어졌음을 알아채지 못한다면 하나님은 우리를 과연 어떻게 생각하실까. 의롭다 인정받는 믿음, 즉 예수님만을 구주로 믿는 믿음은 필연적으로 행위를 낳게 된다. 거듭난 삶의 결과로 우리가 그분 안에서 의롭다고 인정받았으면, 우리는 그분 안에서 성화 되며, 영화롭게 될 것이다. 우리의 모든 섬김을 통해 영광을 받으시는 분은 하나님이시다.

88만 원 세대 청년들의 비전은 어디에

역사와 전통을 자랑하는 문화재 가치를 지닌 고색창연한 교회건물, 그러나 정작 예배를 드리는 사람 수는 그야말로 손가락으로 셀 수 있을 정도이다. 듬성듬성 앉아있다는 표현이 어울린달까. 그나마 예배를 드린다고 앉아 있는 사람 대부분은 백발이 성성한 노인들 아니면 관광객들이다. 헌금은 물론 기부금도 거의 걷히지 않아서 아예 대놓고 관광수입에 의존한다. 유럽의 전통 교회들이 겪고 있는 현상이다.

한국 교회도 이런 유럽 교회들의 전철을 밟고 있다. 기독교인 수, 특히 청년 기독교인들의 수가 크게 감소하고 있다. 정확한 통계는 없지만, 대한예수교장로회 통합 교단 내 청년, 대학부 인원은 2009년 말 기준 162,786명으로 전체의 5.8%를 차지했다. 그나마도 대부분 막대한 예산으로 좋은 프로그램을 제공하는 대형 교회에 집중되어 있고,

작은 교회에서는 청년부를 구성하기도 쉽지 않은 형국이다. 심지어 어떤 교회는 고등학교를 졸업하면 근처 대형 교회로 보내면서 청년 기간만 돌봐달라고 위탁을 한다고 한다.

2011년 2월 7일자 국민일보에는 의미심장한 기사가 실렸다. 중·고등부 때 신앙생활을 하던 학생들이 성인이 되어서도 신앙을 유지하고 있는 비율은 열 명에 서너 명 정도라는 내용이다. 청년이 되면서 교회를 떠나는 이유는 아이들을 교회 안에서만 키웠지 그리스도 안에서 키우지 않은 탓이다.

많이 떠날 뿐 아니라 교회로 신규 유입되는 인원은 매우 적어서 그나마 청년들의 대부분은 어려서부터 교회에 다닌 사람들이다. 이런 현상을 볼 때 벤 피터슨의 말에는 어느 정도 공감하지 않을 수 없다.

청소년 프로그램이 좋을수록, 참여율이 높을수록, 아이들이 성인이 되었을 때 교회에 남는 확률은 낮아진다. 청소년 프로그램이 교회의 역할을 가로챘기 때문이다. 학생들은 청소년 프로그램을 졸업하면, 교회도 같이 졸업한다.

청년들은 왜 교회를 떠나는가. 청년들을 전도하는 것은 왜 갈수록 어려워지는가. 이는 현재 모든 교회들이 가진 공통된 고민일 것이다. 이런 상황을 회복하기 위해 머리를 맞대고 방법을 짜내 봐도 많은 예산을 쏟아 부어 연합수련회, 해외 단기 선교 지원, 최신식 악기 구입 및 시설 개선, 좋은 프로그램 개발, 이런 일들에 많은 경험을 가진 스타 교역자 초빙 등의 방법이 떠오를 뿐이다. 이는 모두 '돈'과 관련된 것이다.

예배가 시작되어 찬양팀이 일층 무대에서 연주를 시작하면, 교회에서 제작한 MTV 수준의 뮤직비디오가 전광판 화면에 가득 펼쳐진다. 불빛이 번쩍이면, 교인들은 자리에서 일어나 찬양한다. 2층에 있던 사람들은 자신이 천국에 더 가까이 있는 것처럼 느낀다.

루스 A 터커가 자신의 책 『하나님이 기뻐하시는 작은 교회』에서 묘사한 광경이다. 이는 현재 우리나라의 대형 교회에서도 흔히 있는 일이다. 더욱 자극적이고 감각적인 방법이 아니면 젊은 사람들의 관심을 끌기 어렵다는 이유로, 아예 이런 방법들을 전문적으로 개발하는 부교역자를 따로 청빙하는 상황이다. 그들에게는 '청년사역자'라는 직함이 따라붙는다. 그러나 예배를 마치고 일상에 복귀하는 청년들의 눈동자는 공허하고 그들의 마음은 허허롭기 짝이 없다. 머릿속에 수많은 CCM 가사가 저장되어 있지만 성경 구절 하나 제대로 외우지 못한다. 그들은 더욱 좋은 시설과 프로그램, 좋은 구경거리들이 아니면 이내 싫증을 내고 또다시 교회로 나가는 발걸음은 줄어든다. 그나마 한껏 높아진 자신들의 눈높이를 충족시켜줄 수 있는 곳을 찾는다. 그러나 이런 눈높이를 충족시켜 줄 수 있는 교회는 몇 개 되지 않는다. 그러면서 청년들은 대형 교회로 모이고, 작은 교회의 청년 수는 줄어들고, 전체적으로 젊은 그리스도인들의 수는 감소하면서 신규 유입도 원활치 않아 갈수록 기독교인의 수는 줄어들게 된다.

청년들을 교회로 모이게 하는 것은 갈수록 더욱 어려워질 것이다. 그들은 오프라인의 물리적 모임보다는 SNS를 통한 모임과 참여에 더욱 익숙해져 가고 있다. 자신들과 생각과 취미가 비슷한 디지털 군중과 몰려다니면서 스스로 생각할 능력을 잃어가고 있다. 책과는 담을 쌓은 소위 영상 세대들은 내적 성찰이니 영원한 생명이니 하는 단어들이 낯설기만 하다. 그리고 교회에 나오더라도 그들의 감각적인 기대수준에 만족스러운 곳을 찾아 나선다. 그러나 막강한 자금력을 바탕으로 한 최신식 시설과 프로그램, 시스템 등으로 청년들이 예수님을 따르는 제자로 키워질 리 만무하다.

찬양할 때는 말똥말똥하다가도 성경공부만 시작하면 졸기 시작하는 청년들, 그들이 알고 있는 성경 지식은 CCM 가사를 통해 얻은 것이 대부분인 현실을 한탄하며, 총신대 김희석 교수가 SNS에 올린 글은 시사하는 바가 크다.

어릴 때부터 하나님, 예수님, 성령님이 어떤 분이신지 심장 깊은 곳까지 채워줘야 하고, 하나님을 위해 사는 것이 얼마나 기쁜 것인지 느낄 수 있게 해야 한다. 세상 그 어떤 것과도 바꿀 수 없는 기본 진리, 하나님의 사랑, 성경적 세계관을 올바로 가르쳐 그리스도인으로서의 비전을 명확히 가질 수 있도록 도와줘야 한다. 그러나 교회가 교회답지 못한 모습을 보임으로써, 교회가 타락한 모습을 보임으로써 청년들을 떠나게 하고 있다. 세상에서도 하지 않는 금권선거, 교회세습, 그리고 입에 담기조차 민망한 각종 비리가 판치는 교회를 보며 그들은 교회 안에서 하나님 나라의 꿈을 꿀 수 없고, 오히려 상처만 받을 뿐이다. 교회의 순수성과 순결을 지키고자 노력하는 새벽이슬 같은 주의 청년들은 점점 교회에서 찾아보기 어렵게 되어 간다. 주위의 눈초리가 불편해서 교회 다닌다고 말하기가 불편하고 꺼려진다는 젊은이들이 많아지는 것이 안타깝기 그지없는 현실이다.

온전하고 신실한 그리스도인이 단기간에 저절로 세워질 리 만무하다. 교회는 외형적 성장과 숫자에 집착하지 말고, 바리새인 같은 여러 명의 청년보다는 단 한 명이라도 참된 제자를 양성하는데 집중해야 한다.

수많은 친구들과 온라인상에서 쉴 새 없이 연결되지만, 그 어느 때 보다 외로움과 공허함을 느끼는 세대, 한편에선 저렴한 학교 식당엔 발길조차 하지 않고 좋은 식당에서 밥을 사 먹고 식사값과 비슷한 커피를 끼니마다 마시지만, 다른 한편에선 등록금이 없어 88만 원을 벌기 위해 밤낮으로 일과 학업을 병행하는 세대, 미래에 대한 고민보다는 현재 자신의 모습에 더 집중하고 관념보다 물질에 더 집착하는 세대, 자신이 어디서부터 왔으며 어디로 가고 있는지 도무지 관심 없는 세대……. 과연 이 젊은이들이 어떤 꿈을 꿀 수 있을까.

그들로 하여금 예수님과의 만남을 통해 하나님의 사랑을 경험하고, 살아가는 이유를 깨달으며, 하나님 나라의 소망 가운데 귀하게 쓰임 받기를 원하는 꿈을 꾸게 해야 하지 않을까.

청년들의 어지러운 마음과 텅 빈 눈빛을 이해해야 한다. 사실 그들은 우리에게 도와달라는 메시지를 보내고 있다. 88만 원 세대의 문제는 88만 원 밖에 못 받는 것이 문제가 아니라, 88만 원을 받더라도 올바른 정신을 가지고 사용하고, 올바로 꿈꿀 수 없는, 희망이 없는 것이 문제이다. 신앙, 비전, 미래에 대해 고민할 기회조차 주어지지 않는 것이 문제이다. 이런 환경에서라도 그들에게 올바른 신앙을 갖도록 도와주어, 오히려 88만 원 세대가 가지고 있는 구조적 부조리를 해결하고자 하는 꿈을 꿀 수 있게 해줘야 한다.

교회는 그들을 도와주어야 한다. 세상이 주는 것과 다른 것을 그들에게 가르쳐 줄 수 있어야 한다. 하나님의 계획과 그리스도의 사랑을 깨닫고, 그 안에서 비전을 가지며, 미래를 꿈꿀 수 있도록 도와줘야 한다. 자신들을 통해 하나님이 일하시도록, 그리하여 이 세상이 하나님의 뜻에 조금 더 가까워지도록 꿈꿀 수 있게 해야 한다. 교회는 자신들을 어둠의 구렁텅이에서 꺼내달라 소리 없이 아우성치는 젊은이들에게 손을 내밀어야 한다. 지금 이 일을 할 수 있는 분은 그리스도뿐이다. 그분이 교회를 통해 이 일들을 하시도록 순종하고 복종해야 한다. 청년들이 없으면 미래도 없는 것이다. 사람을 세우시는 분은 하나님이시다.

친환경 십자가

미국 샌프란시스코 남부에 있는 로스 알토힐이란 마을은 꽃마을로 유명하다. 이 마을이 명성을 얻게 된 이유는 바로 존이라는 우편배달부 덕분이었다. 15년간을 자전거를 타고 흙먼지를 뒤집어써 가며 우편배달부 일을 하던 존은 쳇바퀴같이 단조로운 생활이 지속되면서 자기 일에 깊은 회의를 느끼게 되었다.

'재미도 없고 지겹기만 한 일을 계속 해야 하나' 하고 하나님께 기도하는 중에 이런 응답을 받았다고 한다. '네가 하는 일을 보람차게 할 방법을 찾아보아라.'

존은 자전거를 타고 우편물을 배달하러 가는 길에 가방에 꽃씨를 가득 담고 다니면서 길목에 뿌렸다. 그가 다니는 길마다 아름다운 꽃들이 피어나기 시작했고, 곳곳에 자라난 꽃들을 보면서 기쁨을 얻자,

그는 계속해서 꽃씨를 뿌리면서 다녔다. 그리고 그가 다닌 길은 너무도 아름다운 꽃 천지가 되었다. 이 때문에 유명해진 이 마을은 연간 수많은 관광객이 방문하는 명소가 되었다.

새로운 꽃마을이 생겨 명물이 되었다는 소식이 이토록 반가운 것은, 우리를 둘러싼 아름다운 자연환경이 너무 심하게 훼손되고 있기 때문은 아닐는지. 그래서 각박하고 메마른 회색 콘크리트에 파묻혀 살다가, 보도블록 사이에 빼꼼히 얼굴을 내민 파란 새싹 하나에도 감동하는 마음이 된다.

성경은 하나님이 세상을 창조하실 때 인간을 위해 세 가지 기본적인 관계를 세우셨다고 말한다. 첫째는 그분 자신과의 관계다. 그분은 자신의 형상으로 인간을 만드셨기 때문이다. 둘째는 인간 서로 간의 관계다. 인간은 태초부터 단수가 아니라 복수였고 함께 살아가야 하도록 만드셨기 때문이다. 셋째는 그분이 인간들로 하여금 다스리게 하신 선한 땅과 피조물들과의 관계다. 이 세 관계는 모두 인간의 타락으로 인해 틀어져 버렸다. 인간의 불순종, 죄악으로 인해 이 세상이 더럽혀졌다. 그러나 하나님의 회복 계획에는 하나님과의 관계회복뿐 아니라, 신음하는 모든 창조세계를 회복하고 해방하는 일 역시 당연히 포함된다. 그러므로 우리는 그리스도의 구속으로 말미암은 회복을 생각할 때 우리를 둘러싸고 있는 자연과 환경도 그 범주에 포함해야 한다.

이미 세상은 더럽혀질 대로 더럽혀졌다. 다시 회복할 수 있을까 하는 생각이 들 정도다. 그러나 늦게나마 환경에 대한 중요성이 강조되고 있는 것은 정말 다행이다. 그리고 많은 교회에서도 이 일에 동참하고 있기에 여간 기쁜 일이 아니다.

　강원도 홍천 동면 속초1리에 있는 홍천동면교회는 낮에는 여느 교회와 다를 바 없지만, 밤이 되면 첨탑 위 십자가가 보이지 않는다. 일반교회들이 밤이 되면 십자가 조명을 환하게 밝히는 것과 달리 이 교회는 십자가 조명을 아예 켜지 않기 때문이다. 원래부터 십자가 조명이 설치되지 않은 것은 아니다. 그러나 2006년 십자가 밑 첨탑에 집을 지은 까치들이 십자가에 연결된 전선을 쪼아대는 바람에 조명이 들어오지 않게 되었다. 박순웅 담임목사는 까치들이 전선을 쪼아댄 이유가 '십자가 불빛이 너무 밝으니까 까치들도 나름 살려고 그랬구나'하는 생각이 들어 그때부터 십자가 조명을 껐다고 한다. 그러자 놀라운 일이 생겼다. 원래 있던 까치집 외에 또 하나가 생긴 것. 박 목사는 "교인들이 처음에는 교회의 상징인 십자가 조명을 끄는데 망설이기도 했지만, 시간이 지나고 까치집이 또 생긴 것을 보고는 우리가 한 일이 의미가 있구나 생각하게 되었다"면서 "지역 주민들도 까치집을 보고 좋아한다"고 말했다. (2011년 5월 26일 연합뉴스 참조)

　박 목사는 최근 도시에서 십자가 조명이 논란이 되는 것과 관련, 십자가 조명 심야 소등안을 제시했다.

　"도시에서는 십자가 조명이 너무 밝고 환해서 논란이 되고 있는데 밤 10시부터 12시 정도까지는 십자가 불을 켜고 12시 이후에는 불을 끄면 지역 주민들이 오히려 십자가의 진정한 의미를 알 수 있지 않을까요? 또 네온 조명의 십자가만 고집할 게 아니라 흙이나 나무 등으로 십자가

를 만들면 친환경적일 뿐만 아니라 사람들에게도 훨씬 더 가깝게 다가
갈 수 있습니다. 사람들이 십자가를 보면서 오히려 위로 받고 치유 받
을 수 있을 것입니다."

해가 진 후 곳곳에서 빛을 발하는 빨간 십자가들을 보면서 위로와
평안을 얻기보다는, 한 집 건너 한 집 눈에 들어오는 빨간 십자가가 너
무 많아 질식할 정도이다. 십자가가 그렇게 많으면 세상이 더 밝아져야
하는데 그렇지 못하니 오히려 무덤처럼 보이기까지 한다. 교회가 교회
의 역할을 제대로 하고 십자가의 도를 온전히 전해야지, 그 역할을 제
대로 하지도 못하면서 십자가 불만 밝힌다고 세상이 밝아지는 것이 아
니기 때문이다. 예수님이라면 어떻게 하실까. 예수님은 서로 치열한 세
력다툼을 벌이는 것처럼 수많은 교회들이 이토록 빽빽하게 십자가 불
을 밝히는 것을 원하실까 생각해 보아야 한다. 눈에 보이는 빨간 십자
가가 아니라 마음 안에 십자가 불을 밝혀야 할 것이다.

마침 개신교계에서는 반가운 소식이 들린다. '친환경 십자가 캠페
인'에 나서고 있다. 네온사인으로 된 야간 십자가 조명이 전력소모량이
많은데다 일각에서 '빛 공해'라는 지적까지 제기되자, 자발적으로 에너
지절약 캠페인을 벌이기 시작한 것이다. 대한예수교장로회(예장) 통합
교단은 가장 먼저 친환경 십자가 캠페인을 시작했다. 우선 교단 산하
교회들을 상대로 태양전지판을 설치해 십자가의 불을 밝힐 것을 권고
하고, 태양전지판 설치비용이 부담스러운 교회들에 대해서는 기존의
네온 조명 십자가를 전력소모량이 10분의 1에 불과한 LED 십자가로

바꾸는 방안을 제시했다. 기독교환경운동연대는 LED 십자가 사용은 물론 태양전지판, 풍력 자전거발전 등 친환경 에너지원을 통해 십자가 조명에 필요한 전력을 공급하자는 캠페인을 벌이고 있다.

그러나 내 생각은 이런 캠페인을 벌이기에 앞서, 십자가를 만들되 아예 불이 들어오지 않는 십자가를 설치하는 것도 좋을 것 같다. 특히 높은 건물마다 오색 등이 휘황찬란하게 밝혀지고 가로수마다 꼬마전구들이 반짝이는 계절이 오면, 사람들은 저마다의 가슴에서 불을 밝힌다. 하지만 지금은 불을 꺼야 할 때다. 밤이 어두울수록 별빛이 더욱 영롱한 것처럼, 어둠을 배경으로 놓고 볼 때라야 예수님이 더 또렷하게 보일 것이다. 빨간 십자가로 교세를 자랑하고 과시할 것이 아니라 우리 개개인의 삶을 통해 세상을 밝혀, 십자가의 참된 의미가 널리 퍼지도록 하는 것이 우선이고 정석일 것이다.

신문의 각종 사설에서 교회의 빨간 십자가에 대한 비판이 많이 일고 있는 요즘, 다행스럽게도 십자가 불끄기 운동에 참여하는 교회들이 점차 늘고 있다. 안양시 기독교연합회 소속 100여 개 교회에서 십자가 불끄기 운동에 동참하는 등, 에너지 절약과 주민들의 수면권 보호를 위한 활동이 확대되고 있다. 또한 2010년 태풍 곤파스 때 첨탑 20여 개가 무너진 전례를 들어 주민들의 안전권이 우려되는 뾰족한 첨탑 제거 운동도 병행되고 있어 매우 고무적이다.

환경에 대한 중요성이 그 어느 때보다 강조되고 있는 요즘, 십자가의 불을 끄는 일 외에 기독교계에서도 환경보호와 관련된 반가운 소식들이 들려온다.

기독교윤리실천운동(기윤실)은 교회 주보 등 각종 소식지를 재생 종이로 만들자는 캠페인을 진행 중이다. 매주 발행하는 전국 교회들의 주보만 재생종이로 만들어도 1년에 2만 2천 그루의 나무를 살릴 수 있다. 매주 약 862만 장이 제작, 배포되는 주보를 비롯하여, 복사 용지, 헌금봉투 등에 재생 종이를 사용하면 환경 보존에 크게 기여할 수 있다.

한국기독교교회협의회(NCCK) 생명윤리 위원회와 기독교환경운동 연대는 서울복음교회, 쌍샘자연교회, 향린교회, 평화의교회 등 4곳을 '녹색교회'로 선정, 발표했다. 이들 교회는 유기농산물과 환경용품을 보급하고, '차(車) 없는 주일'을 지정하는 등 노력을 펴고 있다. 기독교 환경운동연대도 교회 교통문화를 기후변화와 연계해 생각해 보는 교육프로그램을 운영하며 환경통신강좌 교재도 발간했다. 주일날 예배 드리러 오는 차라 하더라도 배기가스가 배출되기는 마찬가지이기 때문이다.

대한성공회는 태양광발전 시설을 설치해서 온실가스 감축 등 환경 보호에 솔선수범하는 '에코성당'을 건립했다. 서울 중구 정동 대한성공회 서울교구 주교좌 성당 구내 세실빌딩에 태양광발전 설비를 설치하여, 세실빌딩 소비전력 3분의 1을 감당하게 한 것이다. 성공회는 아예 이런 일을 전담하는 환경위원장을 임명한다. 전국의 교회들도 이렇게 할 수 있다면, 에너지 절약을 극대화하여 환경 보호에 동참할 수 있을 것이다.

홍천 동면교회는 교인수 50여 명인 작은 교회지만 환경 운동에는 웬만한 도시 교회 못지않다. 2002년부터 격년제로 물물교환 장터인 '아나바다 장터'를 열고 있고, 아이들이 생명과 자연의 소중함을 깨달을 수 있도록 매년 '어린이 생태기행' 프로그램을 운영하고 있다. 최근에는 이런 친환경 활동에 앞장선 것을 인정받아, 한국기독교교회협의회(NCCK)가 선정한 녹색교회에 뽑히기도 했다.

담임목사는 "물량적이고 성장주의적인 기존 교회들과는 다르게 갈 것"이라면서, "이렇게 하는 것이 성서의 본질이고 예수님께서 우리에게 하신 말씀을 따르는 게 아닐까 생각한다"고 말했다. 지방의 작은 교회이지만 그 어느 교회보다 건강하고 큰 생각을 하고 있음이 보인다.

존 스토트 목사는 그의 책 『제자도』에서 현대의 참된 제자도를 이렇게 설명한다.

"이 땅의 유한한 자원을 아껴 쓰지 못하고, 그 자원을 충분히 개발하지도, 공정하게 분배하지도 못함으로써 청지기직을 수행하지 못한다면, 그것은 하나님께 불순종하는 것이며, 그들을 향한 그분의 뜻에서 사람들을 멀어지게 하는 것이다. 그러므로 우리는 만물의 주인 되시는 하나님을 영화롭게 하기로, 우리는 청지기이지 우리가 지닌 땅이나 재산의 소유자가 아님을 기억하기로, 그것들을 다른 사람을 섬기는데 사용하기로, 또 착취당하는 가난한 이들과 자신을 지키지 못하는 힘없는 이들의 정의를 추구하기로 결단한다." (『제자도』, 존 스토트, 2010, IVP, 85쪽)

하나님께서 아름답게 지으신 자연을 회복시키는 것은 예수님의 제자라면 마땅히 해야 할 일이다. 그것은 예수님을 통한 하나님의 구속 사역에 동참하는 것이다. 우리는 하나님의 창조세계를 더럽힐 그 어떤 권리도 없다. 세상의 주인은 하나님이시다.

김치와 된장찌개를 먹으며 전도했던 언더우드

지금 사는 아파트로 막 이사 왔을 때였다. 같은 동의 반장 아주머니께서 찾아오셔서 교회에 다니느냐고 묻는 것이었다. 그렇다고 대답했는데도 자신이 다니는 교회에 같이 나가자고 하셨다. 원래 섬기는 교회가 있다고 해도 근 1년간을 끈질기게 쫓아다녔다. 도대체 뭐가 그렇게 좋다는 것인지 모르겠으나, 자신의 교회가 너무 좋다고 계속 반복해서 권하는 것이었다. 자신이 전도를 아주 많이 하는 사람이라고 하면서. 그런데 그것은 전도라고 하기 어려운 것이었다. 설령 자신의 교회에 데리고 나간다 해도 교인의 수평이동이지 전도는 아니다. 전도의 개념을 자신의 교회 교인수를 늘리는 것으로 생각하는 것 같다.

한 인터넷 매체에서 비그리스도인들을 대상으로 기독교가 가장 꼴

불견이라고 느껴질 때를 조사해서 발표한 적이 있다. 그때 나온 대답의 순위는 아래와 같다.

1. 지하철이나 길거리에서 마이크나 확성기로 "예수천당 불신지옥"을 외치는 것
2. 교회 전단을 나눠주며 관심 없다고 해도 자신의 교회에 나오라 강권하는 것
3. 주말, 공휴일에 시도 때도 없이 초인종을 눌러서 집으로 막무가내로 들어오면서 "예수 믿고 천당 가세요" 하는 것
4. 축구경기 중 골인 후 기도하는 것
5. 방과 후 학교 앞에 여러 교회가 나와서 아이들에게 물량공세를 펼치는 것

이 자료의 데이터 개수가 얼마나 되는지, 통계적으로 대중에게 공표할 만큼 유의미한지, 얼마나 공신력이 있는지는 모르겠으나, 내용만으로도 매우 시사점이 있는 것으로 보인다.

실제 명동거리에 나가보면 "예수천당 불신지옥"이라고 쓴 커다란 광고판을 등에 지고 아주 시끄럽게 확성기로 외치거나 찬송가를 부르고 다니는 사람들을 쉽게 볼 수 있다. 요즘은 외국 관광객을 겨냥해 일본어와 중국어를 사용하기도 한다. 전도는커녕 나 같은 기독교인이 보기에도 눈살이 찌푸려진다. 전철과 거리에서 행해지는 이런 전도방법은 지금 우리 사회의 수준에 적합하지 않고, 오히려 사람들에게 불쾌감과 혐오감을 주는 경우가 더 많다. 그 정도가 너무 심해 아무리 생각해도 정통 기독교 교단에서 하는 전도행위라고는 생각되지 않는다. 어떤 때는 얼굴이 화끈거려 안티기독교인들이 일부러 욕먹게 하려고 이런 짓

을 하는 것은 아닌가 하는 생각이 들 정도다.

과거에는 이런 방법을 사용하기도 하였으나, 현재 시민사회의 일반적이고 보편적인 상식과 기본적인 예의에 어긋난다. 이제는 무조건 다른 사람들을 의식하지 않고 열심히만 들이대면 성령이 역사할 것이라고 억측하기보다는, 복음을 접촉하는 자들의 삶과 고민의 현장에 지혜롭게 연결될 수 있는 관계적인 전도사역으로 변해야 한다. 비신자나 타 종교인을 사탄 취급하고 적대시하는 공격적인 태도보다, 그들의 세계관을 바로 분석하고 삶 속에서 접촉점을 찾아내어 꾸준한 대화를 갖는 전도방식으로 바뀌어야 한다. 사도 바울이 아테네(아덴)에서 제우스 신전을 보고 무작정 적대시하기보다는, 그것과 기독교 신앙의 접점을 찾고 찬찬히 설명하면서 이를 통해 복음을 전했던 것이 사례가될 수 있겠다(행 17:16-34 참조).

이처럼 오늘날 성급하고 무모한 전도로 인해 그리스도의 대의가 계속해서 해를 입고 있다. 우리가 주위의 믿지 않는 사람들을 그리스도께 인도하고자 노력하는 것은 물론 옳은 일이다. 그러나 우리는 간혹 하나님보다 더 서두를 때가 있다. 오래 참고, 끈질기게 열심히 기도하며, 많은 희생과 사랑의 실천을 통해 하나님이 주시는 경건의 기회를 기대하면서 기다려야 한다.

내가 청년부 시절에는 사영리를 가지고 대학교 캠퍼스에 가서 노방전도를 하곤 했다. 벌써 20년도 훌쩍 넘은 시절 이야기다. 당시에는 벤치와 잔디에 앉아 쉬고 있던 학생들이 많았고, 조심스럽게 다가가서 양해를 구하면 절반 정도는 함께 대화를 나눌 수 있었다. 오히려 누군가

다가와 주었으면 하고 앉아있는 학생들도 적지 않았다. 그렇게 대화를 나누면서 자연스레 복음을 전하고, 이것이 계기가 되어 교회로 인도한 경우도 있었다. 그러나 요즘 학생들은 벤치에 앉아서도 잠시도 쉬지 않는다. 귀에는 이어폰을 꽂은 채 쉴 새 없이 스마트폰이나 아이패드를 들여다보거나 노트북을 이용해 무엇인가를 하고 있다. 자신만의 시간을 남에게 할애하는 일은 극도로 꺼린다. 이런 학생들에게 시간을 내달라고 하면 개량한복을 입은 채 억지 미소를 지으며 '도에 관심 있으십니까?'하는 사람 취급을 받거나, 심지어는 자꾸 귀찮게 하면 경찰을 부르겠다는 경우도 생길 것이다. 지금은 과거의 방법으로 캠퍼스에서 전도하는 일은 거의 불가능하다. 그래서 요즘은 우스갯소리로 전도할 때 '사영리는 잊어라'는 말이 유행하고 있다. 전도의 방법도 바뀌어야 하고 전도의 대상도 다시 한 번 생각해봐야 할 시점이다.

과거 교회에 다녔으나 이제는 교회에 출석하지 않는 사람을 '가나안 교인'이라 한다. 구약 속 히브리인들이 찾아 헤맨 약속의 땅 '가나안'이 아니라, '안 나가'를 거꾸로 해서 가나안이라 부르는 것이다. 교회는 나가지 않지만 자신의 종교는 기독교라 생각한다. 서구에서는 '소속 없는 신앙(believing without belonging)' 또는 '교회에 다니지 않는 기독교인(unchurched Christian)'이라 부르며 이에 대한 여러 가지 연구도 활발히 이루어졌다. 그러나 한국에는 개략적인 통계조차도 존재하지 않는다.

'가나안 교인'들은 초등학교 시절(47%)부터 5~15년 정도(43%) 교회를 열성적으로 다녔거나, 어느 정도 활동(90%)한 경험이 있지만, 대개 고등학교를 졸업한 뒤(23%)나 30대(25%)가 되면 교회를 떠났고, 이미 교회를 안 나간 지 10년쯤(53%) 지난 상태였다. 교회를 떠나게 된 이유도 다양한데, 얽매이지 않는 자유로운 신앙생활을 원했거나(30%), 목회자(24%) 혹은 교인들(19%)에 대한 불만이 가장 큰 원인이었는데, 당장은 아니지만 언젠가 기회가 되면 다시 교회에 나가고 싶다는 사람도 절반 이상이었다(53%).

이런 사람들은 과거에 교회에 다니는 사람들이었지 본인들 생각처럼 하나님을 믿는 사람들은 아니었다. 이들이 교회, 목회자, 사람에게 실망하여 떠났다는 것은 하나님이 잘 믿어지지 않는 그들의 믿음 없음과 열심을 내지 못하는 것에 대한 핑계이고, 또한 근본적으로 교회가 그들에게 성경을 제대로 가르치지 않았기 때문이다. 특히, 이런 종류의 사람들은 '나는 하나님을 믿지만 기독교 외에 다른 종교는 모두 잘못이라 배척하며 기독교만 강요하는 것은 폭력이나 마찬가지'라 주장하는 경우가 많다. 그러나 하나님을 믿는다는 것은 '하나님이 세상을 선하게 창조하셨는데 인간이 죄를 범하여 마땅히 죽어야 함에도 불구하고, 독생자 예수 그리스도를 보내시어 그 피로 인간의 죄값을 모두 치르시고 부활하셨으며, 재림하실 날 우리가 하나님과 같이 영광스럽게 될 것', 그리고 '오직 그리스도만이 구원의 유일한 길'임을 믿는 것이므로, 이를 믿지 않으면서도 스스로의 자신의 종교가 기독교라는 그들의 주장에 도무지 공감할 수가 없다. 하나님을 제대로 믿고 성경을 제대로 알면 신앙생활이 교회를 위주로 진행된다는 것을 배울 수 있었을 것이다.

물론 타락한 교회도 많고 부족한 목회자도 많다. 그렇다고 모든 교회가 타락하고 모든 목회자의 수준이 낮은 것은 아니다. 올바른 신앙에 대해 고민하고 있다면, 교회에 나오지 않고 예배를 드리지 않는 것을 선택할 것이 아니라, 교회 안에서 본질적인 회복을 위한 노력을 해야 하고, 그것이 여의치 않으면 다른 교회라도 찾아서 움직여야 할 것이다.

이런 부류의 사람들, 즉 과거에 교회에 다녔던 사람들도 복음을 한 번도 들어보지 못한 사람들과 더불어 중요한 전도의 대상이다. 이런 부류의 사람들은 짧지 않은 시간 교회에 다니면서 들은 이야기들이 많아 웬만한 성경 이야기는 알고 있고, 그래서 스스로 성경을 잘 알고 있다고 오해한다. 그래서 복음을 전하기가 더 어렵다.

전도하기 위해서는 하나님 나라의 삶을 먼저 보여줘야 한다. 우리의 삶이 분명 일반 사람들과 다르고, 그로 인해 세상이 더 올바른 방향으로 움직이는 것을 우리 삶의 터전이 되는 곳곳에서 보여줘야, 사람들이 우리를 통해 일하시는 하나님을 보고 느낄 수 있게 되고, 그제야 비로소 우리의 이야기를 들을 준비를 하게 된다. 앞으로의 전도는 삶과 밀접한 관계가 있는 관계 지향적이 되어야 한다.

1988년 램버스 대회에서 성공회 대주교들은 전도에 대해 다음과 같이 정의했다.

"전도한다는 것은 성령의 능력 안에서 말과 행위로 십자가에 달리시고 부활하신 그리스도의 사랑을 알림으로써, 사람들이 회개하고 그리스도를 자신의 구세주로 믿고 영접하며, 교회의 교제 속에서 그분을 주(主)로 순종하며 섬기게 하는 것이다."

단지 교회에 데려다 앉혀 놓는 것이 전도가 아니라, 그 입으로 자신의 죄를 자복하고 그리스도께서 자신의 죄를 위해 십자가에 달리셨음을 고백하며, 교회 안에서 그분께 순종하며 사는 삶까지 수반하는 것이 전도의 정의라 할 수 있다. 그래서 평생 한 명 제대로 전도하는 일이 어렵다는 말이 나오는 것이다. 우리는 사람들이 별로 좋아하지 않는다 하여 그리스도께서 당하신 고난과 희생, 그래서 우리가 마땅히 본받아야 하는 일들에 대해서는 함구하고 듣기 좋은 말들만 늘어놓으며, 회개를 하지 않았는데도, 사실 우리는 그럴 권리조차 없음에도 불구하고, 너무 서둘러 용서를 해줌으로써 그 용서를 값싸게 만들어서는 안 된다.

진정한 전도는 교회와 개인의 자기 갱신부터 시작해야 한다. 복음의 능력 때문에 교회와 개인이 변한다면 당연히 외부로 눈을 돌리게 될 것이다. 우리가 진정 그리스도를 만나서 알고 그분을 믿는다면 어떻게 다른 사람들에게 전하지 않을 수 있겠는가. 어떻게 그 기쁜 소식을 남에게 말하지 않고 견딜 수 있겠는가.

만일, 1885년 4월 7일 언더우드 박사가 한국에 발을 들여놓지 않았다면 우리가 지금처럼 풍성한 하나님의 은혜를 맛보는 행복을 누리지 못했을지도 모른다. 그는 일단 한국말을 공부했고, 한국 사람처럼 입고, 먹고, 마시며, 벽촌 이곳저곳을 다니며 복음을 전했다. 때론 나귀를 타기도 했지만, 때론 하루 수십 리를 걷기도 했다. 지금도 많은 외국인이 피하는 된장찌개나 김치를 먹어가면서 철저하게 복음을 전파할 대상의 생활 속에서 친밀한 관계 맺음을 통해 복음을 전했다. 예수님이 누추한 곳에 인간의 모습으로 오신 것처럼 말이다.

막강한 자금력으로 최첨단 시설과 프로그램으로 사람들을 불러모으는 것보다, 언더우드와 아펜젤러가 한국에 어떤 방법으로 복음을 전했는지 다시 한 번 되돌아봐야 한다. 하나님은 어떤 방법으로 복음이 전파되길 원하실지 깊이 생각해 봐야 한다. 가장 낮은 자리도 마다치 않고 친히 생활 속으로 깊이 들어오셨던 그리스도를 생각하여 우리의 전도 방법도 좀 더 관계 지향적이고 순수한 복음을 있는 그대로 전하는 전도가 필요하다. 하나님은 수만 명의 군중이 아니라, 발 앞에 가장 귀한 옥합을 깨뜨리는 한 사람을 찾으신다. 우리가 전해야 하는 대상은 바로 하나님이시다. 하나님을 전할 때는 하나님께서 가장 원하시는 방법을 사용해야 한다.

휘황찬란한 대형 교회에 없는 것

하얀 양복에 하얀 장갑을 낀 중년의 남성들 수십 명이 큰 건물에서 나와 도로 양쪽 옆에 선다. 잠시 후 고급 승용차가 멈춰 서고 한 남성이 내린다. 그러자 서 있던 사람들이 열렬한 환호와 박수를 보내고 한 명씩 악수를 시작한다. 차에서 내린 남성이 건물로 들어가자 남아 있던 사람들이 자기들끼리 일일이 포옹을 하고 다시 일제히 박수를 친 뒤, 모두 건물 안으로 들어선다. 지나가다 이 광경을 본 사람들은 무슨 일인가 눈이 휘둥그레진다.

어느 토요일 오후, 내가 사는 동네의 한 대형 교회에서 있었던 일이다. 열렬히 환영을 받은 사람은 다름 아닌 전 당회장 목사이다. 하얀 양복을 입은 사람들은 주일에도 같은 복장으로 주차안내를 하는 장로 후보들이라고 한다. 이미 은퇴를 했어도, 그 목사의 영향력은 상당한 것 같았다. '예수님이 오셔도 저렇게 열렬히 환영할까?'라고 옆에 있던 아내에게 묻자 아내의 대답이 걸작이다.

"예수님이 오시면 저런 곳에 들어가지 않으시겠지."

이 땅의 목회자들이 닮아야 할 사람이 바로 세례 요한이다. 예수께서 '여자가 낳은 자 중에 요한보다 큰 자가 없느니라(눅 7:28)'라고 칭찬하신 것만 봐도 알 수 있다. 세례 요한의 삶은 말로 표현할 수 없을 정도로 훌륭해서 하나님께도 인정받고 사람들에게도 존경받았다. 사람들은 요한이 혹시 메시아가 아닐까 착각할 정도였다. 자신이 메시아니 믿으라고 외쳐도 다들 믿고 따라 나설 분위기였다. 그러나, 세례 요한은 조금도 교만한 마음을 품지 않았다. '주의 길을 곧게 하라고 광야에서 외치는 자의 소리' 역할을 충실히 감당했다. 자신은 어떻게 하든지 작아지려 했고, 사람들 앞에 스스로 아무것도 아닌 존재임을 계속해서 알렸다. 생일도 예수님보다 6개월 빨랐고, 대중적으로도 인기가 절정에 다다라 자신이 메시아라 해도 믿을 분위기였으나, 예수님을 가리켜 자기보다 앞선 분이라 선포했다. 자신이 아니라 오직 구원자 되신 예수님을 모든 사람들에게 알리기를 원했다.

세례 요한은 사람들로 하여금 자기를 통해 예수님을 믿게 만드는 역할을 끝까지 감당하였다. 그의 메시지는 일관성 있게 '나를 바라보지 말고 예수님을 바라보라'는 것이었다. 자신의 역할을 알고, 그 위치를 지키고, 자신의 직분을 끝까지 지켰다. 아무리 사람들이 자신을 높이고 따라도, 예수님을 증거하는 일에 자신을 다 바쳤다. 그러면서도

'나는 그분의 신발끈을 풀기에도 감당치 못하겠노라'고 겸손을 잃지 않았다. 우리는 그런 세례 요한에게서 감동을 얻는다. 성탄 혹은 부활절 연합 예배 등을 안내하는 전단에 사회, 기도, 설교, 축도, 광고 등을 맡은 유명한 목사들의 사진이 마치 연예인들처럼 줄줄이 인쇄되어 있는 것을 볼 때마다, '지금 우리에게도 세례 요한처럼 영성 있는 지도자가 있다면 얼마나 좋을까?'라는 생각을 하게 된다.

하나님이신 예수께서 이 땅에 육신을 입고 들어오시는 사건은 인류 역사에 가장 획기적인 사건이었다. 창세 전부터 감추어졌던 하늘의 비밀이 드디어 공개되는 어마어마한 사건이었다. 하나님은 이 일에 당시 유대 종교 지도자들을 사용하지 않으셨다. 이를 요즘 식으로 표현하자면, 유대 종교 지도자들이 물먹은 것이다. 하나님을 섬긴다고 하는 자들, 하나님의 일을 한다고 생각하는 자들, 하나님을 위해 뛴다고 생각하는 자들을 제쳐놓고 엉뚱하게 요한이라는 사람이 혜성과 같이 등장했기 때문이다. 다시 말해, 유대교 지도자들이 인류 구원 사역이라는 하나님의 가장 중요한 프로젝트에서 제외된 것이다. (『예수, 하늘의 비밀』, 이승장, 2008, 두날개, 54쪽)

당시 이스라엘 민족은 유일하게 하나님을 섬기는 민족이었다. 그런 백성의 지도자들이 하나님께 버림받은 것이다. 하나님은 본인을 잘 섬기는 백성을 아무런 까닭 없이 버리시는 분이 아니다. 하나님께서 그렇게 행하신 데는 반드시 이유가 있다. 그 이유는 유대 종교 지도자들이 하나님의 길에서 벗어났기 때문이다. 그들이 행하는 종교 의식은 하나님과는 아무 상관이 없는 것이었다. 유대 종교 지도자들에 대해서는 예수님도 신랄하게 비판하셨다. 마태복음 24장을 보면 예수께서 무려 일곱 차례에 걸쳐 유대 지도자들을 향해 '화 있을 것'을 외치셨고, 당시의 리더였던 서기관과 바리새인들을 향해 '뱀들아, 독사의 새끼들아'라고 심하게 책망하셨다.

빛이 아닌 요한이 빛나면 곤란하다. 예수님이 빛이시기 때문이다. 이 세상에 빛은 오직 예수 그리스도 한 분뿐이다. 빛이 아닌 자가 빛으로 대접받으면 곤란하다. 사람들이 요한을 빛으로 착각할 때 요한 자신은 스스로 빛이 아니라고 알렸다. 하나님의 일을 하는 사역자들이 빛나면 어딘가 문제가 있는 것인데 요즘은 어찌 된 일인지 스스로 빛나고자 하는 사역자들이 많은 것 같다. 사역자 자신이 아니라, 사역자가 증거하는 대상이 빛나야 한다.

요즘은 스타부흥사들이 기독교 TV 채널을 장악하고 예배를 아예 'OO콘서트'라 이름 붙여 각종 우스갯소리와 유행하는 개그를 넣어 연애오락물처럼 즐기게 하고, 중간 중간에 문맥과도 맞지 않는 성경구절들을 끼워 넣어 '은혜받았다'고 오해하게 하는 경우가 많다. 하나님의 말씀이 제대로 전파되기는커녕 'OOO목사는 설교를 참 재미있게 잘해'라는 피드백만 남게 된다. 모든 사람들이 재미있어해 주고 알아봐 주고 여기저기서 불러주니까, 마치 본인이 스타가 된 줄 아는 모양이다.

예수를 통해 스타가 한 번 되어 보고자 했던 사람들이 신약성경에도 몇 명 나오는 것을 봐도, 이런 일이 어제오늘 이야기는 아닌 듯싶다.

이런 스타들 틈에서 예수그리스도께서 지신 십자가는 점점 소외돼 간다.

누구나 인기가 절정에 오르고 사람들의 기대가 높아지면 자신도 모르는 사이에 자기 분수를 벗어나기 쉽다. 모두 메시아로 떠받들면 마치 그런 것처럼 행동할 수도 있을 것이다. 그런데 유대 지도자들이 세례 요한에게 사람을 보내 메시아가 아닌지 떠보았으나, 그는 주저 없이 '아니다'라고 대답했다. 그는 대중적인 유혹에 넘어가지 않고 자신의 분수를 지켰다. 예수 그리스도를 통해 하나님의 영광을 보았기 때문이다. 예수 그리스도를 통해 하나님의 영광을 본 사람들은 절대로 자기를 높이거나, 자기를 자랑하지 않는다.

베들레헴 작은 마을 위에 멈춘 별은 세상 사람들이 누구나 되고 싶어 하는 그런 스타를 위해 뜬 별이 아니었다. 인간의 모든 죄를 대신 짊어지고 죽으려 오신 메시아를 위해 뜬 별이었다. 예수님이 스타가 되고 싶으셨다면, 식민지로 전락한 작은 나라의 작은 마을이 아니라 로마로 가셨어야 하지 않겠는가.

스가랴의 예언을 성취하시려 나귀를 타고 예루살렘에 입성하신 예수 그리스도의 모습을 보라. '그는 겸손하여 나귀 곧 멍에 매는 짐승의 새끼를 탔도다'라는 마태복음의 기록은 주님의 가장 겸손한 모습을 극적으로 보여준다.

가톨릭의 경우에서도 새로운 교황이 선출된 후 화려한 행차가 이어진다. 비록 이번에 선출된 아르헨티나 출신 교황은 매우 겸손하고 평범한 즉위식으로 많은 사람들의 귀감이 되었지만, 긴 행렬을 지어 움직이는 고위 가톨릭 사제들의 모습은 여전히 화려하다. 그러나 교회는 가톨릭의 화려한 장식을 제거하고, 설교단을 사람들이 잘 보이는 곳에 질박하게 준비하여, 스스로 검소하고 궁핍하게 지내려는 노력을 기울였다. 오늘날 많은 목회자들이 이런 겸손하고 검소한 위치를 포기하고 스스로 높아지려는 것을 보면, 주님의 겸손을 본받아 사도 바울, 세례 요한과 같은 길을 가는 것이 얼마나 어려운지를 잘 알 수 있다. 너무도 많은 목회자들이 거창하고 화려한 것에 마음을 내어 주며, 더 부유해지길 원하고, 더 높아지길 원하는 모습은 흡사 불치병에 걸린 환자들과 다르지 않다.

오늘날 한국 교회의 어떤 사람들이 견지하고 있는 '하나님의 종은 더 화려하게 살아야 한다'는 미신은 도대체 어디서 온 것인지 알 도리가 없다. 세상에서 그렇게 잠깐 높아지려는 생각은 아주 긴 세월 동안 낮아지는 결과를 가져올 것이다. (『다시, 겸손을 말하다』, 황영철, 2009, 이레서원, 171쪽)

나는 이처럼 주장하는 황영철 목사의 의견에 전적으로 공감한다. 주님은 스스로 낮아지길 원하셨는데, 스스로 높아지고 빛이 나길 원하는 이 시대의 목회자들은 도대체 누구의 종이란 말인가. 그런 사람들은 자신이 속한 교회와 자신이 관련된 모든 행사들도 화려하게 장식하려 한다. 그것은 하나님의 일을 자신의 힘으로 이루려는 어리석은 시도이다.

그리스도의 영광을 세상적인 방식, 곧 힘과 부와 찬란함으로 증명하려는 시도가 착각임을 기억해야 한다. 그 시도의 일환으로 사람들은 교회를 거창하고 찬란하게 꾸미고, 종교적 예식을 화려하고 장엄하게 하며, 기독교의 행사를 요란하게 한다. 그것은 그리스도가 다시 오시는 역사의 마지막에 가서 하나님이 이루실 일을 지금 세상에서 사람의 힘으로 이루려는 시도이다. (『다시, 겸손을 말하다』, 황영철, 2009, 이레서원, 170쪽)

영광과 칭찬을 받으실 분은 오직 하나님 한 분 이시다. 사람은 그 어떤 경우에도 영광을 받을만하지 않다. 스스로 영광을 받으려 하고 높아지려는 생각은 뼛속까지 타락한 죄인에게 합당한 생각이다. 그런데도 자기 자신에 대한 평가가 스스로 매우 높아서 현재 자기가 받는 대우로는 만족하지 못하는 목회자들이 있다. 스스로 더 높은 대우를 받아야 하고 많은 사람들이 자신을 칭찬해야 한다고 생각한다. 사람들이 자신의 말에 훨씬 더 고분고분하고, 굽실거려야 한다고 생각한다. 자신은 그렇게 빛나고 높은 존재라 생각하기 때문이다. 그러나 그들이 추구하는 영광은 헛된 영광이고, 자기에게 어울리지도 않는 영광이다. 모세에게 '네 신을 벗으라'고 하신 말씀은 목회자를 포함하여 모든 믿는 사람들이 늘 마음에 두고 살아야 할 메시지다.

이 세상에는 예수님보다 더 빛나야 할 사람은 한 사람도 없다. 가장 훌륭한 목회자일수록 세례 요한처럼 스스로 낮아지고 예수님을 더 빛나게 하려고 목숨을 내어 놓는 사람들이다. 그는 자신의 모든 것을 내어 놓고 심지어 사랑하는 제자들까지 예수님께 양보하고는, '그는 흥하여야 하겠고 나는 쇠하여야 하리라(요3:30)'고 하며 사람들의 주목을 받지 않는 조용한 곳으로 물러났다. 영적 지도자는 인간의 제도가 인정하는 학벌이나 지위가 아니라, 하나님께로부터 받은 영적 권위를 소유하고 있어야 하나님의 일꾼이 된다. 그런 영성 있는 목회자들이 절실히 그립다. 목회자들이 드러내야 할 분은 자기 자신이 아니라 오직 하나님이시다.

작은 교회가 아름답다

홍정길 목사가 존 스토트 목사의 강의에 참석했을 때 겪었던 일화를 들려주었다. 각자 자신의 목회에 대해서 발표할 때, "저는 개척한 지 8년이 되었고, 이천칠백여 명의 성도가 모입니다. 처음 목회를 시작할 때는 목회자의 기도 없이 하루를 시작하는 성도가 없도록 새벽마다 한 사람 한 사람의 이름을 부르며 기도했습니다. 그러나 3년이 지나 오백여 명의 성도가 모이자 이것이 힘들어졌습니다. 지금은 성도 한 사람 한 사람을 위해 기도할 수가 없습니다. 이 문제가 늘 마음에 걸립니다."라고 말하자 같은 수업을 듣던 뉴질랜드, 오스트레일리아, 말레이시아, 인도, 남아프리카에서 온 목사님들은 행복한 고민을 한다고 자신을 핀잔했다. 그때 존 스토트 목사님이 말했다.

"브라더 홍의 고민은 마땅히 해야 할 고민이라고 생각합니다. 왜냐하면, 목회란 대 목자장 되시는 주님을 원형으로 삼아야 합니다. 목회에 대해서는 요한복음 10장에 나온 것처럼 '내 양은 내 음성을 들으며, 나는 저희를 알며 저희는 나를 따른다'는 것을 생각해 봐야 합니다. 이것이 무너지면 목회가 아닙니다."

이 가르침은 홍 목사의 마음속 깊이 새겨졌고, 평생 목회의 지침이 되었다고 한다.

교회에서 목회자와 성도의 관계는 예수님이 보여주신 것처럼 목자와 양의 관계가 되어야 하는데, 누가 자신의 양인지 모를 정도로 많아지면 제대로 된 목회가 어려워진다.

작은 교회가 무조건 아름답다는 말을 하려는 것이 아니다. 상대적으로 규모가 크지만 다른 작은 교회들보다 더 복음적인 곳도 있고, 작은 교회이지만 우려가 될 만큼 성장을 위해 무분별하게 온갖 마케팅적인 수단과 방법을 다 사용하고 있는 곳도 있기 때문이다.

그러나 교회가 성장하고 교인수가 지나치게 많아지면 아무리 복음적으로 운영하고 싶어도 교회의 순수성을 유지하는 일이 어려워진다. 세상에 완벽한 사람은 없고, 아직도 죄의 영향 아래 있는 인생들이라 담당자와 업무, 절차들이 많아질수록 많은 문제들이 불거지게 되고, 세상에 덕을 끼치기는커녕 주님의 이름에 먹칠을 하는 경우가 많이 생기게 된다.

대형 교회는 그 운영 면에서 규모가 큰 비영리단체와 비슷하다. 돈을 주고 사람을 고용해서 불쌍한 이웃도 돕고 장애인도 돌본다. 처음 의도가 아무리 순수했더라도 나중에 고용된 직원들이 모두 순수한 믿음을 가질 수는 없다. 조직이 커질수록 영리와 효율성을 추구하게 된다. 얼마 전 여러 교회의 카페, 빵집, 임대 등 영리사업에 세금부과 판결이 내려진 것이 이슈가 된 것만 봐도, 이런 교회들이 늘어나고 있음을 알 수 있다. 그러나 조심해야 할 것은, 이름난 몇 개 교회의 생각과 행동이 그 교회가 속한 교단, 나아가 기독교 전체를 대변하는 듯 보이는 현실이다.

타락하는 대형 교회들에 맞서 마지막 보루로 여겨지던 한 교회가 새로운 곳에 새 건물을 신축하는 과정에서, 서울시와 시민단체로부터 도로점용허가 취소 압력을 받고 소송을 진행하게 되었다. 아무리 그 의도가 순수하더라도 일이 커지게 되고 많은 사람이 포함되면, 어디서든 하나님께 덕이 되지 않는 일이 발생할 가능성이 높아지게 됨을 알 수 있다.

그 영향력과 파급효과는 매우 크다. 그렇지 않아도 트집을 잡으려 혈안이 되어 있는 사람들에게 기독교를 공격할 빌미를 제공하게 되고, 또 평범한 기독교인들의 마음에 상처도 깊게 남는다. 최초 수백 명 정도만 수용할 수 있게 지어졌던 기존의 건물이 현재 수 만 명의 성도들을 수용하기 턱없이 부족하다는 이유야 타당하게 들리지만, 근처의 작은 교회들을 고사시키면서까지 금싸라기 같은 땅에 그렇게 수천억씩 들여 건물을 신축하지 말고, 교회 분립 등 다른 방법을 찾았더라면 좋았을 것이다. 교회 증축이 꼭 필요했더라도 이웃 교회에 감당키 어려운 피해를 주거나 사회에 큰 실망을 주는 일은 피했어야 한다. 그동안 수많은 청년 제자를 양성하며 다양한 사회 활동과 선한 사역을 통해 교회의 긍정적인 모습을 보이던 곳이었기에, 더욱 아쉬움이 크다. 사람들로부터 마음에서 우러나오는 큰 박수를 받으며, 하나님께도 더 덕이 될 수 있었던 기회를 놓친 것 같아 안타깝기 그지없다.

교회의 규모가 작으면 대형 교회가 가지는 이런 행정적인 골칫거리가 없거나 적다. 분주한 행정 활동을 모두 잊을 수 있다. 다른 일을 내려놓고 그저 양 떼만 살피며, 만물을 붙드시는 하나님을 묵상하는 일에 전념할 수 있다. 목회자도 행정적 업무로 분주한 것이 아니라 교인들을 섬기느라 분주해야 한다.

큰 교회만 쫓는 성장주의는 많은 문제를 안고 있다. 성장이 목표가 될 경우 하나님을 섬긴다는 교회의 존재 목적이 뒷전으로 밀리게 된다. 목사도 아직 죄의 영향력 아래에 있는 사람인지라, 교회가 커지면서 각종 유혹에 노출된다. 한국 교회를 대표하는 지도자들을 뽑는 일에 금권선거가 이미 일반화되어 있는 것만 봐도, 이러한 사실이 잘 드러난다. TV에서 흔히 볼 수 있듯, 교회가 커질수록 목사들의 양복과 넥타이, 안경 등이 명품으로 바뀐다. 차량도 대부분 고급 외제차다. 그들의 외견과 설교에는 예수님을 본받는 검소함이나 겸손함은 찾아보기 어렵다. 믿음은 달랐어도 아무것도 소유하지 않고 아무 인간적인 것에도 얽매이지 않아 두루 존경을 받았던 김수환 추기경과 법정스님 같은 지도자를 찾아보기 어렵다.

교회 운영은 비즈니스도, 게임도 아니다. 교회는 운동장이나 시장 바닥이 아니고, 목사도 스타가 아니다. 교회의 스타는 예수님 한 분이면 충분하다.

세상의 권력을 맛본 목회자들과 양적 성장의 달콤함에 몸을 내어 맡긴 교회들은 브레이크가 고장 난 자동차처럼 앞만 보고 달려간다. 외모만 반듯하면 내면도 괜찮은 사람으로 인정받는다. 대형 교회는 필요에 따라 다양한 소모임을 만들지만, 사람들이 자신을 쉽게 드러내지 않고, 익명성에 묻는다. 그러나 세상적으로 자신을 드러낼 만한 것이 있으면 얼마든지 교회에서 자신을 드러내고, 이런 점이 또한 주목 받는다. 반면, 세상적으로 드러낼 만한 것이 없는 사람들의 인격과 신앙은 포용되기 어렵다. 신실하고 지혜롭고 믿음이 좋은 사람이나 별 주목 받을 직업이나 업적, 재산이 없으면, 큰 교회에서 장로 되기가 어렵다.

왜 교회는 더욱 커지려 하는가. 그것이 정녕 하나님의 뜻이라고 생각하는가. 불 꺼진 밤하늘 수많은 빨간 십자가가 도시를 에워싸도, 그 어느 때보다 대형 교회의 수가 늘어나는 만큼 세상에 선한 영향력을 끼치고 있는가. 그나마 교회가 없었으면 세상은 더 악해졌을 것이라고 스스로 위로라도 하면서 이 상태에서 만족해야 한단 말인가. 레이븐 힐 목사의 말처럼 교회는 날로 성장하고 확장되고 있으나, 그 깊이는 정녕 1cm도 안 되는 것 같다.

큰 교회에 시무하는 목사가 성공한 것으로 생각되고, 많은 신학교에서도 아예 성공적인 목회란 교회를 양적으로 성장시키는 것으로 가르치는 현실에서, 교회의 양적 성장보다는 질적 성장을 꾀해야 한다는 주장은 터무니없는 것인가.

대형 교회는 여러 교회의 벤치마킹 대상이 된다. 그러나 교회의 크기와 신자 수를 성공의 척도로 삼고 이를 모델로 삼는 것은 있을 수 없는 일이다. 한국 교회가 성장주의, 성공지상주의로 달려온 결과, 소외계층과 상처 입은 사람들을 제대로 어루만지지 못하고 '교회=기업'이라는 말을 들을 만큼 부정적인 이미지를 갖게 되었다.

예배당은 건물일 뿐 교회가 아니다. 예수 믿는 '사람'이 교회이다. 입으로만 개혁과 갱신을 주장할 것이 아니라, 성경에 근거해 작은 교회, 건강한 교회를 일으키는 운동이 필요하다.

루스 A. 터커는 그의 저서에서 교회의 양적 성장, 성공 목회의 신화를 좇는 목사들의 행태를 다음과 같이 꼬집는다.

대형 교회의 목사가 되는 한 가지 길은, 급성장하는 고급 동네에 교회를 개척하는 것이다. 간단한 방법이다. 릭 워렌처럼, 빌 하이벨스처럼 하면 된다. 우리가 가장 흔히 떠올리는 대형 교회의 성장 과정대로 하면 된다. 그리고 많은 목사들은 직장인이 더 큰 회사로 자리를 옮기듯이 큰 교회로 진출하고자 한다. (『하나님이 기뻐하시는 작은 교회』, 루스 A. 터커, 2008, 스텝스톤, 63쪽)

침례교 목사인 새뮤얼 리마의 고백도 우리에게 시사하는 바가 크다.

1980년대 중반 캘리포니아 주 남부에 교회를 개척할 당시 나는 대형 교회에 중독되어 있었다. 처음 교회를 개척할 때만 해도 남을 섬기겠다는 영적인 의도밖에 없었다. 그러나 나 자신도 의식하지 못하는 사이에 변했다. 어느 순간 동기와 열망이 교묘하게 바뀌었다. 교회가 기대 이상으로 성장하는 바람에 처음의 기준이 성에 차지 않게 되었다. 성장은 곧 집착으로 변했다. 적절한 방법으로 일하고 충분한 재원을 마련하면 교회도 성장할 수 있다고 믿었다. 그러나 집착은 중독으로 변했다. 나는 본격적으로 대형 교회에 집착했고 사역은 점점 비참해졌다. 약한 자아의 어두운 면과 끊임없이 샘솟는 욕구 때문에 정신병적 목회 생활을 경험했던 것이다.

아마 많은 목회자들이 현재 이런 상태를 경험하고 있을 것이다. '분명 이건 아닌데……'라고 생각하면서도 어쩔 수 없는 상황에 놓여 있는 경우가 많다. 그들에게는 개인의 영성 회복과 함께 자신들에게 주어진 양들에게 집중할 수 있는 여유가 필요하다.

숫자 위주의 성장만을 추구하지 않는다면, 성장 자체는 좋다. 그러나 성장제일주의 논리에 빠지면, 이런 말은 귀에 들어오지 않는 것 같다. 교인들은 제품이나 서비스, 혹은 교회 성장을 위한 원재료쯤으로 생각된다. 이래서는 곤란하다. 마이클 호튼이 그의 저서 『복음이란 무엇인가』에서, '믿지 않는 자들을 단지 전도의 대상이나 소비자의 머릿수로 여기지 않고, 하나님의 형상으로 지음 받은 인간으로 그들에게 다가가야 한다. 영성을 추구하기보다는 떠들썩한 홍보에 더 많은 시간을 할애하며, 메시지보다는 수단에 더 많은 힘을 낭비하며, 진리보다는 기교에 더 많은 정성을 쏟아 붓는 복음 전도 대회에 진저리가 난다'고 강변하는데 공감하지 않을 수 없다.

그러면 교회는 어느 정도의 규모가 적당할까. 딱히 정해진 것은 없다. 혹자는 '목사가 일일이 성도들과 가족들의 이름을 기억할 수 있는 정도'라 하고, '교인의 결혼식 정도는 치를 수 있을 정도'라 하기도 한다. 내가 섬기는 교회는 출석 교인수가 백 명이 채 안되지만, 교인수 이백 명이 넘게 되면 교회를 분립한다고 아예 교회 정관을 고쳤다. 물론, 공동의회를 통해 교인들이 그렇게 결정한 것이다. 그 이상이 되면 교회의 순수성을 유지하기 어렵고, 더 큰 건물, 더 넓은 공간, 더 많은 예산이 필요하게 될 것이며, 여러 가지 행정적 문제들이 발생할 것이라는 판단에서다.

유진 피터슨 목사는 작은 교회를 지향한다. 그는 목회 사역이 가장 효과적으로 이루어지는 것은 비교적 작은 교회라고 주장한다. 비교적 작은 교회란 숫자상으로 50~500명 정도의 규모를 말한다는 것이다. 목사가 성도들과 함께 있고 그들의 이야기를 들어주며, 그 아픔을 함께 나누고 느낄 때, 심지어는 그들의 잘못된 생각들까지도 함께 나누면서 항상 어떤 형태로든 성령의 임하심을 보여줄 때, 비로소 건강한 교회의 모습을 갖출 수 있다는 생각이다.

다시 한 번 강조하지만, 교회의 성장에 대해 무조건 반대하는 것은 아니다. 교회가 건전하게 성장한다면 말이다. 힘의 논리에 속지 않도록 늘 깨어 경계해야 한다. 돈의 힘, 권력의 힘, 사람의 힘을 믿음으로써 하나님을 멀리하게 될까 경계해야 한다. 힘을 얻기 위해 교회를 키워야 한다고 생각해서도 안 된다.

작은 교회도 힘의 논리에 빠질 수 있기는 마찬가지다. 큰 교회가 힘의 논리에 빠지면 불신앙과 교만에 빠지지만, 작은 교회는 무력감에 빠진다. 힘이 없으니 일도 할 수 없다고 생각한다. 하지만 작은 교회는 교회다운 일을 할 수 있는 좋은 조건에 있다. 많은 목회자들은 처음 목회를 시작했을 때, 개척했을 때가 가장 힘들었지만, 또 가장 행복했던 때였다고 말한다. 아무것도 없던 때, 아무 힘도 없던 때, 바로 그때 하나님의 능력을 가장 강하게 경험했기 때문이다.

대형 교회 목회자는 이런 점에서 불리하다. 세상적인 기준으로는 유리하지만, 신앙적으로는 한순간도 긴장을 풀 수 없는 상태에 놓여 있다. 돈을 사용하지만 그 힘에 의존하지 않는 방법, 권력이 있지만 그 것으로 일하고 인정받지 않는 방법, 사람을 동원하면서도 사람의 힘에 의존하지 않는 방법, 극진한 대접을 사양하면서 일용할 양식이 없어 눈물짓는 교인의 아픔을 돌보는 방법, 이런 방법들을 터득해야만 대형 교회를 섬기면서도 타락하지 않을 수 있다. 이런 정도의 영성은 되어야 대형 교회에 맞는 적임자다. 그러나 지금 교계의 지도자들을 보면 암울하기 그지없다. 교회의 세습이 한국 교회를 이끄는 대표 교단과 대형 교회 목사 위주로 행해지고 있다.

심판의 자리에서 하나님은 우리에게 얼마나 큰 교회를 담임했는지, 얼마나 큰 교회에 다녔는지, 어떤 직분을 가지고 일했는지, 묻지 않으실 것으로 믿는다. 오히려 가장 작은 자들에게 어떤 마음으로 무엇을 했는지 물으실 것이다. 교회의 주인은 이런 마음을 품으신 하나님이시기 때문이다.

혁신, 가죽을 벗겨 내는 아픔을 딛고

혁신 전문가인 내가 보기에도 지금 교회의 변화는 여태까지의 변화와는 그 속도면에 있어서 엄청난 차이가 있다. 수백 년 동안 유지되어 오던 전통들이 불과 몇 년 사이에 바뀐 것들이 많다. 그러나 변화한다고 해서 모두 다 혁신은 아니다. 혁신(革新)이란 가죽 혁(革)자에 새로울 신(新), 즉 가죽을 벗겨 낼 정도의 아픔을 극복하고서라도 더 나은 것을 추구해 가는 것이다. 이런 정도의 혁신이라야 개혁이라 부를 수 있다. 그러나 현재 교회에서 일어나는 현상들을 보면, 교회의 순수성을 지키기 위한 이런 아픔은커녕 오히려 인간 위주의 편리만을 추구하는 모습이다. 교회의 주인이신 그리스도에게는 안방을 내주고 뒷방을 차지하고 있는 시어머니 정도의 상징성 정도만 부여한 채 말이다.

하나님을 믿는 일을 하나의 종교 활동으로서 다른 종교와 같은 수준으로 격하시키는 사람들은 교회, 특히 예배에서 가장 중요한 요소들도 바꾸려고 한다. 그들의 기준은 인본주의와 효율성이다. 하나님 위주에서 사람 위주로, 순수성보다는 편리와 효율을 더 강조하며 계속 바꾸려고 한다.

교회의 변화와 혁신을 무조건 부정하는 것은 아니다. 루터, 웨슬리, 무디 등의 경우도 당시 기성 교회에서 받아들이기 어려울 만큼 획기적인 개혁을 주장한 사람들이었다. 그러나 요즘 교회들이 보이는 변화는 기독교의 본질, 복음의 핵심을 변형시키면서 사람들의 마음을 기쁘게 해주려는 방향으로 흐르는 것이 문제다. 루터와 웨슬리가 주장했던 일들이 왜 개혁이라 할 수 있는지 살펴보자.

마르틴 루터는 15세기 말의 조직화된 교회의 모든 제도적, 신학적 부패에 맞섰다. 당시 교회에 관습화되어 있던 면죄부 판매에 대해 95개조의 반박문을 발표하여 최고의 권위를 자랑하던 교황에 맞섰고, 이것이 종교개혁의 시발점이 되었다. 구텐베르크가 발명한 이동용 인쇄기 덕분에 루터의 사상이 더 단기간에 멀리 퍼질 수 있었다. 그러나 그는 무턱대고 개혁만 주장한 것은 아니었다. 종교개혁으로 파생된 과격파나 농민 운동, 농민 전쟁 등에 대해서는 성서 신앙적 입장을 취함으로써 모든 것은 성경이 중심이 되어야 한다고 주장했다. 과격한 비판을 한 루터였지만, 사실 농민운동과 농민전쟁에 대한 루터 자신의 입장도 프레데릭 3세를 비롯하여 자신을 지지했던 이들의 신분적 차이를 완전히 극복하지 못했다는 한계를 지적할 수도 있다. 그러나, 그렇다고 종교개혁의 효과가 반감되는 것은 아니다. 만일 우리가 루터 당시에 살던 그리스도인들이라면 우리가 루터를 응원했을지, 아니면 그 시대에 루터의 개혁을 거부했던 편에 섰을지 아무도 모른다.

존 웨슬리는 영국 역사의 중요한 시기인 1700년대 중반에 나타났다. 가난한 사람들이 조직화된 교회에 관심을 크게 잃고, 교회는 특권층을 위한 곳에 불과하다고 봤을 때, 존 웨슬리는 가난한 사람들, 특히 일자리를 찾아 작은 읍과 마을을 떠나 공장지대로 몰리는 남자들에 주목했다. 당시 영국의 인구 분포는 불과 한, 두 세대 만에 도시 중심으로 바뀌었다. 당시 교회는 이들을 따라 가난한 사람들이 모여 살던 도심으로 들어가지 않았다. 그러나 존 웨슬리는, 사람들이 일하는 곳으로 들어가길 거부했던 기존 교회들과 달리, 기존의 관행을 깨고 혼자서라도 그곳으로 가려 했다. 그는 구원의 복음을 사람들의 일터에서 전하기 시작했다. 공인된 교회 건물 밖에서 설교하는 것은 변화를 거부하고 전통을 중시하던 당시 성직자들에게는 큰 충격이었다. 존 웨슬리는 아침부터 밤늦도록 사람들을 찾아다니면서 복음을 전했고, 그의 동생 찰스 웨슬리는 기독교 세계에 완전히 새로운 찬양 방법을 선사했다. 그 찬양이 지금 우리가 부르는 찬양들이다. 그 결과, 부흥이 가난한 삶들과 노동자들에게서 일어났다. 기존 교회가 이들을 무시하자, 존 웨슬리는 이들을 소그룹으로 구성해서 계속 복음을 전했다. 그때 일어난 소그룹 운동이 수백 년 동안 지속되었으며, 지금도 한국을 비롯한 세계 곳곳에서 계속되고 있다.

이런 개혁들이 아니었다면, 우리는 아직도 고루한 전통에 사로잡혀 개개인이 하나님을 인격적으로 만나는 일을 등한시하고 있을지 모른다. 그러나 지금은 오히려 그 변화의 도가 지나쳐 기독교의 핵심까지 왜곡하기에 이르렀다. 급기야 기본으로 돌아가기 위한 개혁이 필요한 상황에 놓여 있다.

현대의 교회는 사람들의 마음을 사로잡기 위해 온갖 새로운 방법을 추구하면서 복음의 핵심을 변질시키는 경우가 많다. 역사와 전통을 추구하면서 복음의 핵심을 가렸던 중세시대의 상황과 다르지 않다. 그러나 바울은 복음의 핵심을 조금도 훼손하지 않으면서 복음을 전하는 새로운 방법을 분명히 찾아냈다. 그는 유대인들의 세계를 뛰어넘어 그들의 세계를 이방인과 섞을 때, 예수님이 누구이시며, 왜 그분을 믿어야 하는지 설명하는 새로운 방법을 찾아냈다. 그는 복음을 재구성해서 자신과 함께인 사람들이 이해할 수 있는 말로 바꾸었다. 그는 새롭게 복음을 전하되 그 본질을 그대로 담고 있는 방법을 몸소 실천한 것이다. 그는 유대인들을 얻고자 유대인과 같이 되었고, 율법 아래 있는 자들을 얻고자 율법 아래 있는 자 같이 되었으며, 약한 자들을 얻고자 약한 자와 같이 되어 그들을 구원하고자 애썼다(고전 9:20~23).

한 신학교에서 '혁신'을 주제로 특강을 한 적이 있었다. 신학교도 큰 조직이라 효율적인 운영을 위한 고민이 많은 것 같았다. 총장을 포함한 전 교직원은 물론이고 이사장인 교단의 증경총회장까지 참석할 정도로 관심이 많았다. 그들에게는 비즈니스 세계의 최전선에서 치열한 사투를 벌이고 있는 초일류 기업들의 혁신 방법들이 매우 인상적이었던 것 같았다.

강의가 끝난 후, 한 목사님이 자문을 구해왔다. 자신이 섬기는 교회도 많은 낭비요소가 있고 비효율적인 면이 많다며 내 전공인 '6시그마'를 교회에 적용할 수 있겠냐는 것이었다. 그러나, 내 대답은 단호했다. 신학교도 학교이기 때문에 효율성을 추구하는 것이 어느 정도 이해되지만, 교회는 효율성을 따지기보다는 성경적인지를 고려해야 한다는 것이 내 대답이었다. 내가 속한 교회의 경우도 마찬가지다. 내가 봉사하는 데서는 개인적으로 충분히 혁신 방법들을 적용하고 있다. 그러나 교회 전체에 대해서는 이를 주장하지 않는다. 조금 멀리 돌아가는 것 같아도 가장 효율적인 것보다는, 가장 성경적인가, 하나님 뜻에 부합하는가를 가장 중요하게 생각해야 하기 때문이다.

한 번은 미국의 한 신학교 박사과정을 수료 중이시라는 목사님의 연락을 받았다. 교회 혁신에 관한 논문을 쓰고 있는데 교회 운영에 '6시그마'를 활용하는 방안을 연구 중이라며 도움을 청해 왔다. 교회도 조직이므로 최고의 효율성을 추구하는 경영혁신 방법론인 6시그마를 활용해서 효율적으로 운영할 필요가 있다는 생각이었다. 그러나 역시, 내 대답은 단호했다. 교회는 '효율성'보다 '성경적'인지 여부가 우선시되어야 한다. 교회가 대형화될수록 일류기업들의 경영 방식을 따라 하고자 하는데 이는 매우 위험한 일이다. 고객 만족을 통한 수익 극대화를 최고의 모토로 삼는 기업을 따라 하면, 교회에서도 하나님이 아니라 교인들을 고객으로 생각하고 최대한 많은 고객을 확보하기 위해 기업들이 쓰는 온갖 마케팅 방법들을 따라 할 것이기 때문이다. 이미 많은 대형 교회들이 이렇듯 기업화되어 있는 경우를 우리는 쉽게 볼 수 있다.

한 모임에서 대형 교회 장로님을 만났다. 그는 자신의 교회에서 6 시그마는 물론이고 특히, 통계 패키지인 미니탭을 활용하여 연령대별, 지역별 출석 현황 등을 파악하고, 거기에 맞는 전략을 세워 교인들을 관리한다고 한다. 만일 30대 주부들의 출석이 저조하면 인근 교회에서 흉내 내지 못하는 훌륭한 유치원을 만들어 미취학 자녀를 둔 젊은 주부들의 출석을 유도한다는 식이다. 이미 다른 곳에 잘 다니고 있는 교인들을 빼앗아 오겠다는 심보다. 이런 교육시스템은 대부분의 경우, 자신의 교회에 등록한 교인들 위주로 운영되고 있다. 이런 식으로 교인들을 확보하는 것은 전도가 아니라 교인들 간의 수평이동이다. 교인들을 빼앗아 오는 것이다. 이런 활동들을 열심히 하며 교회 혁신에 앞장서고 있다고 선전한다. 그러나 나는 이런 마케팅적인 대형 교회들의 생각에 도무지 동조할 수 없다.

교회가 교회답지 못한 경우 가장 피해를 보는 분은 하나님이시다. 교회의 본분을 잊고 그 순수성을 점점 잃어가는 교회에 대해 가장 아파하시는 분은 하나님이시다. 그래서 고든 맥도날드는 그의 책 『누가 내 교회를 훔쳤는가?』에서 이렇게 주장한다.

교회를 바꾸고 계시는 분은 하나님이시다. 누군가 교회를 훔치고 있다면 바로 하나님이시다. 하나님께서 교회를 훔쳐 본래대로 되돌리고 계신 것이다. 우리가 교회를 교회되게 하지 못했기 때문이다.

나도 이 생각에 십분 동의한다. 하나님께서는 세상을 지으시고 일곱 번이나 '보시기에 좋았다'고 하신다. 교회는 하나님께서 지으신 이 세상을 더욱 아름답게 해야 한다. 교회는 아름다운 사회, 인생, 역사를 진행하는 데에 생명력을 공급해야 한다. 그러나 지금 교회는 오히려 하나님의 마음을 가장 아프게 하고 있지는 않은지, 무릎 꿇고 반성해 보아야 한다.

예수님께서는 지금 우리와 더불어 교회를 통해 아름다운 세상을 이루실 꿈을 꾸고 계신데, 우리는 그분을 '저곳'에 모셔놓고 경배만 하고 있다. 예수님의 눈으로 세상을 보고, 예수님의 손으로 세상을 어루만지고, 예수님의 심정으로 세상을 대하는 것이 믿음이고 우리의 도리이다. 그렇지 못한 것에 대해 가슴 아파하고 그 뜻 가운데로 다시 돌아가야 한다. 우리가 잘못 나아가고 있는 방향을 새로 정해야 한다. 가죽을 벗기는 아픔이 있어도 우리는 그 일을 해야 한다.

우리에게 필요한 교회의 혁신, 개혁은 바로 교회의 모든 일을 하나님의 뜻에 맞게 되돌려 놓는 일이다. 하나님께서 교회를 이 세상에 두신 그 뜻에 맞게 기본으로 돌아가는 것이다. 교회는 뿔뿔이 흩어진 사람들의 마음을 하나님의 뜻 가운데 연합하는 일에 더 힘을 쏟아야 하고, 개혁자들처럼 하나님의 말씀에 깊이 뿌리를 내려야 하며, 성령의 인도하심을 향하여 항상 마음을 열어 놓고 분별력을 가지고 교회의 순결을 지켜야 한다. 교회의 주인은 하나님이시다.

| 참고문헌 |

강영안 외, 『한국 교회, 개혁의 길을 묻다』, 2013, 새물결플러스
김기석, 『일상순례자』, 2011, 웅진
김영봉, 『사귐의 기도』, 2002, IVP
김영봉, 『바늘귀를 통과한 부자』, 2003, IVP
김 진, 『왜 기독교인은 예수를 믿지 않을까』, 2010, 위즈덤로드
김홍전, 『예배란 무엇인가』, 1987, 성약출판사
손봉호, 『생각을 담아 세상을 보라』, 2008, 노잉힘
옥성호, 『심리학에 물든 부족한 기독교』, 2007, 부흥과개혁사
옥성호, 『마케팅에 물든 부족한 기독교』, 2007, 부흥과개혁사
옥한흠, 『요한이 전한 복음 I』, 2002, 국제제자훈련원
옥한흠, 『요한이 전한 복음 II』, 2002, 국제제자훈련원
옥한흠, 『요한이 전한 복음 III』, 2002, 국제제자훈련원
이만재, 『교회 가기 싫은 77가지 이유』, 2000, 규장
이승장, 『예수, 하늘의 비밀』, 2008, 두날개
이어령, 『지성에서 영성으로』, 2010, 열림원
이어령, <빛과 소금>, 2007, 7월호 중
이학준, 『한국 교회, 패러다임을 바꿔야 산다』, 2011, 새물결플러스
조정민, 『사람이 선물이다』, 2012, 두란노
한왕상, 『예수 없는 예수 교회』, 2008, 김영사
황영철, 『다시, 겸손을 말하다』, 2009, 이레서원
고든 맥도날드, 『누가 내 교회를 훔쳤는가?』, 2008, 두란노
로버트 치알디니, 『설득의 심리학』, 2002, 21세기북스
루스 A 터커, 『하나님이 기뻐하시는 작은 교회』, 2008, 스텝스톤
리차드 미들튼, 브라이안 왈쉬, 『그리스도인의 비전』, 1987, IVP
마이클 매커티어, 『아시아에서 기독교가 가장 번성한 나라』, 1990, 토론토스타
마이클 프로스트, 앨런 허쉬, 『새로운 교회가 온다』, 2009, IVP
마이클 호튼, 『복음이란 무엇인가』, 2004, 부흥과개혁사
윌리엄 폴 영, 『오두막』, 2009, 세계사
존 스토트, 『그리스도가 보는 교회』, 1980, 생명의말씀사
존 스토트, 『그리스도의 십자가』, 1988, IVP
존 스토트, 『살아있는 교회』, 2009, IVP
존 스토트, 『성경적 찬양』, 2009, 지평서원
존 스토트, 『제자도』, 2010, IVP
짐 심발라, 『너무도 소중한 나』, 2008, 프리셉트
크리스틴 폴, 『손대접』, 2002, 복있는 사람
필립 얀시, 『교회, 나의 고민 나의 사랑』, 2010, IVP
필립스(J. B. Phillips), 『당신의 하나님도 별로 대단할 것 없구먼 (Your God Is Too Small)』

미래를 여는 지식의 힘

(주)상상나무

www.smbooks.com
Tel. 031-973-5191